真田信繁

～「日本《ひのもと》一《いち》の兵《つわもの》」幸村の意地と叛骨～

三池純正 著

宮帯出版社

真田信繁(幸村)像(上田市立博

目次

序章　真田信繁の誕生

不機嫌な家康

大坂《おおざか》の陣で真田信繁を討ち取ったとされているのは、松平忠直隊の鉄砲頭西尾仁左衛門である。

細川忠興の書状によれば、信繁は当時「手負ひ候て草臥《くたび》れ伏して居られ候」という状況で、家康の本陣を三度も襲い、自身が率いた三千の兵も壊滅し、けがを負い疲労困憊《こんぱい》しているところを討ち取られたという。

『幸村君伝記』によれば、西尾は初めは誰の首だか分からなかったが、首実検にもっていくと、そこには「真田左衛門佐《さえもんのすけ》」と札の付いた首が数多《あまた》あったという。

家康を最後まで苦しめた信繁の首はまさに超一級の価値があった。そのため、武士たちは自分の取った身元不明の大将級と思われる首を信繁の首として首実検にもってきたのであった。中には無理やり信繁の首に仕立てられたにせ首もあったことであろう。

しかし、西尾のもってきた首は他のものとは違っていた。西尾はその首に鹿の抱角の冑《かぶと》を添えていたのであった。この特徴ある兜こそ、信繁の父昌幸が愛用し、信繁がそれを受け継いだとされる真田家伝来の兜であった。これによって、それが信繁の首とされたのだという。

家康は信繁の首実検に信繁の叔父の真田信尹《のぶただ》を立ち会わせたが、信尹は信繁の首をじっと見て、「信繁の首には見えません。死んで人相が変わっていることから信繁のものとは見極め難く思います」と正直に述べた。

するると家康は不機嫌になり、「たとえ死んだからといっても、見分けくらいはつくであろう。まったく、憎きことを言う奴だ」と述べたという。

真田信繁（幸村）**銅像**（上田市提供）

『幸村君伝記』によれば、それまで信尹は家康の覚えもよかったが、大坂の陣以降はこのことがあったためか取り立ててもらえなかったという。

家康は、少々人相が変わっていようとも、信尹に「信繁に間違いありません」と言ってもらい内心ほっとしたかったのであろう。

西尾の嘘を見破った家康

さて、西尾は家康に信繁を討ち取った様子を尋ねられると、「誰とは存じませんでしたが、十文字の槍をもって前後左右を突き立て、八方に当たり、土煙を上げて突いて廻り、宙を飛び、雷の落ちるようで、その様子は人間業とは思われませんでした。（中略）そんな敵を粉骨を尽くし、秘術を尽くし、最後は討ち取ったのです」と軍記物の武勇伝のような話をした。

それを聞いた家康、さすがに先ほどの機嫌を直して、西尾を退出させた。

しかし、その後、家康は「左衛門佐程なる士、西尾体の者を相手に働くべき様なし。武道不按内なる物の申し様也」（『幸村君伝記』）と述べ、信繁ほどの者が西尾のごとき者に無様に討たれるわけはないと西尾の嘘を看破したという。

このように、家康は最後まで信繁を恐れ、また、一方では信繁の武士としての器量を高く評価してもいたのである。

さらに、『滋野世紀』によれば、大坂の陣での信繁の活躍を目の当たりにした武将たちは信繁の首実検が終わると、信繁にあやかろうと盛んに信繁の毛髪を抜き取って持ち帰っていったという。

彼らにとって信繁は大坂の陣では敵ではあったが、信繁の働きはそれを超越した武門の鑑《かがみ》として、大きな感動を与えたのであった。

「幸村」は実在しなかった

真田信繁は一般的には「真田幸村」の名で知られているが、実は「幸村」という名は信繁の書いた直筆の書状にはどこにも見られない。

つまり、信繁は生存中に「幸村」という名を名乗ったことも使ったこともないのである。

真田信繁所用采配
（松平越葵文庫蔵・福井市立郷土歴史博物館提供）

信繁の正式な名は「真田源次郎信繁」または「真田左衛門佐信繁」である。このことから、「幸村」というのは当時の信繁の正式な名ではなく、後の時代の俗称であると思われる。

事実、水戸黄門として知られる徳川御三家の一人水戸光圀《みつくに》の言行を記した『西山遺事』にも「幸村というのはあやまりなり」とあり、大日本史の編纂を手掛けていた光圀自身「幸村」が正しい名でないことを明言している。

その「幸村」という名の初出は寛文十二年（一六七二）成立の『難波戦記』で、これが爆発的に売れたため、「幸村」の名が一般的になり、その後の書でも採用されるようになったものと思われる。

そのためか、享保十六年（一七三一）に著された真田家の歴史を綴った『真武内伝』にも「幸村」の名が使われている。そこから、すでに江戸時代中期には本名である「信繁」よりも「幸村」という名が一般的になっていたことは事実であろう。

ただ、真田家にとって「幸」という名乗りは信濃（現在の長野県）の名族「海野《うんの》」氏の継承を示す重要な意味をもっていることは事実で、信繁の祖父は「幸隆」、父は「昌幸」、兄は「信幸」（後に「信之」と改名）と名前に「幸」の一字をもっている。

そのことから、『難波戦記』の作者がなぜ「信繁」を「幸村」としたのかは興味のあるところではある。

一説には真田家の名乗りである「幸」と信繁の姉の「村松」の一字をとって「幸村」としたとも言われているが確かな根拠は今もって分からない。

また、「幸村」の本名である「信繁」という名も、父昌幸が武田信玄の実弟で川中島合戦で戦死した典厩《てんきゅう》信繁を大変尊敬しており、そのため自らの子に同じ信繁という名をつけたともいわれている。

それはまさに信繁という名が武田家に由来していることを示しているが、信繁の父昌幸はかつて武田信玄のもとで小姓として十五年という長きにわたり薫陶を受け、その後、甲斐の名族武藤家を相続し、武田家の重臣の扱いを受けていたことから、昌幸がその恩ある武田家ゆかりの名を子につけたとしても少しも不自然ではない。ちなみに「信」という名乗りも武田家ゆかりの一字である。

いずれにしても、「信繁」という名からも、昌幸の信繁に対する想いと期待の大きさが感じられる。

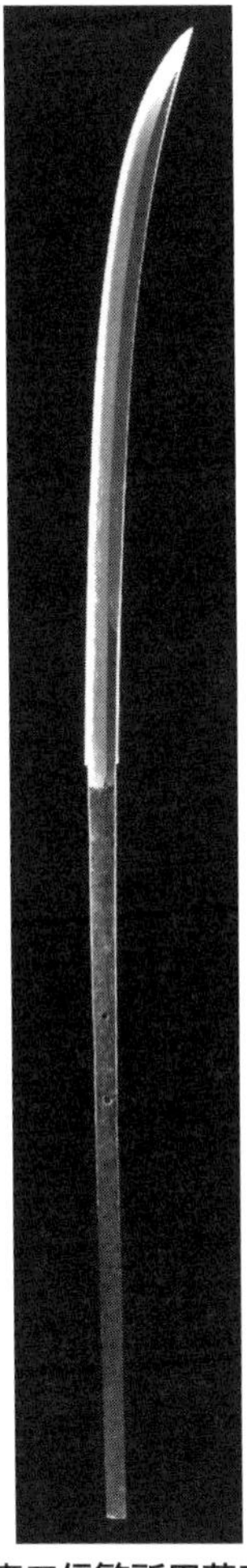

真田信繁所用薙刀
(松平越葵文庫蔵・福井市立郷土歴史博物館提供)

信繁の誕生

信繁の誕生は永禄十年（一五六七）とされている。

この年、真田家の主家である武田家では、信玄の後継者であった義信が没し、信玄は駿河の今川氏攻略に本格的に乗り出すことになる。

また、この年は織田信長が美濃稲葉山城を攻略して城主の斎藤氏を降し、稲葉山の城に移った年でもある。さらに、武田信玄はこの年、信長の嫡男信忠と娘の松を婚約させ、信長と好《よしみ》を通じようとしている。

このような戦乱の時代の真っ只中で信繁は誕生した。

当時、信繁の父昌幸は二十一歳、信繁のすぐ上には一つ違いの兄信幸がいた。二人の兄弟の母は共に山之手殿と呼ばれる女性である。山之手殿という女性は公家菊亭晴季《きくていはるすえ》の娘や宇多頼忠の娘などの諸説があるが、もし、宇多頼忠の娘であれば、豊臣秀吉の側近で奉行の石田三成も同じく頼忠の娘を室に迎えていることから、昌幸と三成は義兄弟ということになる。

だが、近年の研究では、宇多頼忠の子、頼次に嫁いだのが昌幸の娘であることが分かっている。このことから、昌幸は三成とは義兄弟ではなかったものの、親しい姻戚関係にあったことになる。後に述べるが、それが後に関ヶ原合戦で三成が昌幸を頼りにした一つの理由であろう。

それでは、信繁の実母、山之手殿と呼ばれる女性はいったい誰なのであろうか。そのヒントの一つは山之手殿が「京之御前様」と呼ばれていたことにある。これは何より山之手殿が京都の出身であることを意味している。

これについて、寺島隆史氏は信玄が妹婿の菊亭晴季の親戚であった正親町《おおぎまち》家の娘もしくはその縁者を信玄の養女という形で昌幸と結婚させたのではないかとしている（「真田一族と幸村の出自」『別冊歴史読本　闘将幸村と真田一族』）。

いずれにしても、信繁の母は京都出身の雅《みやび》な女性であったことは間違いない。信繁もそんな母から大きな感化を受けていたことだろう。信繁は後に配流の地、紀州高野山で連歌にいそしんでいるが、その素養は母から受け継いだものであったのかもしれない。

信玄のもとで育った父昌幸

信繁の父、昌幸は戦国の名将武田信玄が大きく目をかけていた武将であった。昌幸は信繁が生まれたころから、真田ではなく武藤喜兵衛尉《きへえのじょう》と名乗っている。それは、昌幸が武田信玄の命で武藤家を継いだからである。武藤家は信玄の母太井氏につながる氏族であることから、信玄は昌幸を近しい重臣にしようとしていたことが分かる。

真田昌幸は幸隆（信繁の祖父）の三男として生まれたが、幸隆が武田信玄に仕え、北信濃攻略に武功を立てて信頼を受け、その重臣に列するようになった天文二十二年（一五五三）に真田家の人質として甲府の信玄のもとに行っている。それは昌幸七歳のときであったというから、今で言えば、ちょうど小学校に入るくらいから一人真田家を出て武田家に行ったことになる。幼い人質であった。

しかし、人質といっても、実際は信玄のそばで小姓として信玄のいろんな用をつとめる、いわゆる奥近習八人のうちの一人であったとされている。このとき、昌幸とともに小姓をつとめたとされる曾根与一、金丸平八郎などは後に信玄の跡を継いだ勝頼の侍大将になっていることから、この小姓という立場は武田家の人材養成所というか一つの訓練機関のようなものでもあったともいえるだろう。

彼らは最も青春の多感な時期、さらには学んだことを最も吸収できる時期に名将武田信玄のもとで一切の訓練を受けた、ある意味では武田家のエリートといえる存在でもあった。

昌幸も幼年時代から青年期にいたる人間の成長にとって最も大事な時期を名将武田信玄のもとで過ごし、万般の訓練を受けていた。

そこでは信玄の一挙手一投足、例えば合戦での信玄の指揮、戦術、外交、さらには国を治める治世・民政などを実際にそばで見、実地で訓練された。まさに信玄から「大将学」ともいうべきものを学んだことであろう。

信玄から受けたその精神的な影響は昌幸にとって一生忘れられない計り知れないものであったはずである。

真田昌幸所用 皺韋包昇梯子文仏二枚胴具足
（真田宝物館蔵）

真田家を継いだ昌幸

江戸時代初期の武田流軍学書『甲陽軍鑑』によれば、昌幸は十六歳のとき、川中島合戦にも信玄の小姓として参加したという。昌幸はその後、信玄の命で武藤家を継ぎ、武藤喜兵衛尉と名乗るが、それは小姓から侍大将に抜擢されたことを意味する。信玄からその実力を認められたのである。このときまで、昌幸は信玄のもとで約十五年という長い間訓練を受けてきていた。

その意味で、信玄は昌幸にとって師匠ともいうべき人物であり、信玄にとって昌幸は手塩にかけて育てた弟子ということにもなろう。そして、昌幸はいよいよ一人の若武者として信玄のもとから巣立ったのである。

若き昌幸は信玄の期待に応えようと一生懸命であった。

永禄十二年（一五六九）信玄の北条氏小田原城攻めの際、二十四歳になった昌幸は追いすがる北条軍を三増峠《みませとうげ》で迎え撃ち手柄を立てている。

また、同じ元亀元年（一五六九）、北条氏の駿河花沢城攻めや伊豆韮山《にらやま》城攻めにも参加し活躍したという。さらには、信玄の奉行として内政も担当していたというから、信玄は昌幸に万般のことを学ばせようとしていたことは確かであろう。まさに、昌幸は武田家にとっても若き期待の星であった。

昌幸は信玄の最後の戦いになる三方ヶ原合戦にも参加し、徳川家康軍とも戦っている。さらには、信玄の死後、跡を継いだ勝頼が織田信長・徳川家康連合軍を相手に起こした長篠の合戦にも勝頼の旗本として参加している。

だが、そこでは父幸隆の後継であった昌幸の二人の兄信綱、昌輝が同時に戦死してしまったことから、生き残った昌幸が真田家を継承することになり再び真田姓を名乗ることになったのである。

昌幸の真田家継承にともなって、信繁は兄信幸と共に父に従って古府中（現在の甲府市）を離れ、西上野《こうずけ》（群馬県西部）の岩櫃《いわびつ》城に移ったという。

岩櫃城は真田氏による西上野攻略の拠点であり、昌幸はそこに移って上野攻略にあたることになったのである。当時、西上野は関東の覇者北条氏、さらには越後上杉氏という強豪がしのぎをけずっており、昌幸はその両者の間にあって武田家の重臣として一歩も退くことのできない戦いを強いられていた。

だが、この西上野攻略は武田家の家臣の中でも真田家だけに与えられた特権ともいうべき使命であった。それは真田家が特別な意味をもった家であったからである。

第一章 真田の里

真田村

それでは、真田家とはいったいどんな特別な意味をもった家であったのだろうか。

それを知るには真田家の発祥にまで遡らなければならない。

真田信繁の先祖である真田氏は、現在の長野県上田市真田町で発祥したとされている。

この上田市真田町は長野県の北北東に位置し、西は上田市街、北東は鳥居峠を越えて群馬県吾妻郡と直接つながる長野・群馬両県の境にある町であり、町の群馬県側には、スキーで有名な菅平《すがだいら》高原が広がっている。

真田町は近年、平成の大合併で上田市に編入されたが、以前は小県《ちいさがた》郡真田町として、その総面積は一八一・七キロ、人口約一万人の町であった。

周囲を烏帽子岳《えぼしだけ》、四阿山《あずまやさん》、太郎山などの高山に囲まれた小さな盆地で、その中央を清流神川が流れるのどかな田園風景が広がる町である。

『さなだまちの歴史』という旧真田町時代に作られた小冊子によれば、旧真田町は昭和三十三年（一九五八）、当時の長《おさ》村、傍陽《そえひ》村、本村の三つの村が合併してできた町であり、真田氏の出身地であることにちなんで「真田町」と命名されたのだという。

これをみると、この町には「真田」という名の村は存在していなかったように思われるが、明治初期まで確かに「真田村」という村が存在していた。

しかし、明治九年（一八七六）大日向村、横沢村、真田村、横尾村が合併して「長村」になり、「真田」という名は一時消えてしまったのである。このことから、「真田」という名をもつ地域は江戸時代の村程度の小さな規模でしかなかったことが分かる。

真田の館

信州松代藩（長野市松代町）の初代藩主真田信之の家老であったという赤沢光永の「留書」によると、信州上田に甲石《かぶといし》村という村があった。この甲石村というのが後の真田村であるという。

また、江戸時代中期の元禄年間に著された地誌『つちくれ鑑』によれば、信州上田の「甲石」という場所には「真田殿御代々御屋敷所」と呼ばれる場所があるという。

真田町には現在までに、少なくとも三箇所に真田氏のものと思われる館跡の存在が確認されているが、その中で最も古いとされているのが、「甲石」、現在の「小字真田」という場所にある館跡である。

先の『つちくれ鑑』によれば、そこには「真田屋敷」と称する場所があり、本丸、二の丸、

真田館(御屋敷)**跡の土塁**

三の丸、水の手と地元の者が呼んでいるという。まさにそれは呼び名からすると館というより城を強くイメージさせる。

筆者はこの「小字真田」にあったという真田氏の館跡を訪れてみたが、そこは現在は一般の民家が建っており、かつての館の面影はどこにもない。だが、興味深いのは館が営まれていた場所というのは平地ではなく、斜面上であるということである。つまり、真田氏の館は斜面の上に建っていたことになる。

この館跡は、西側が低い崖になっており、南側は岩井堂川の谷に面し、北側に空堀があったと推定され、自然の要害地形を十分に利用した作りであったことが分かる。

そして、それら現在残るわずかな遺構からその館の規模を推定すると約百メートル四方の方形の館になるというから、結構大きな館であったようだ。

この館跡からは昭和二十二年ごろに約二千枚にものぼる中国銭の永楽通宝が出土し、

現在も矢竹の茂みが残っている。この矢竹の茂みはこの近辺ではここにだけ残されているという。

つまり、この館跡はかつての矢竹栽培の痕跡を今も伝えているのである。矢竹は文字通り矢の材料となる竹であり、武士が有事に備えて自らの館内に植えておく習慣があった。それが今も残されていることは、ここが戦国時代の真田氏の館であったことを何より物語っている。

真田の里

『上田市誌』には、この「字真田」の古地図である「小県洗馬組兜石郷真田村絵図」という絵図が掲載されている。

それを見ると、真田館の西にはかつて上州（群馬県）と信州（長野県）を結ぶメインルートであった上州道が通っていたことが分かる。その道は現在は一部改変されてはいるが、舗装された道路として今も残っている。

そこから、「小字真田」、つまり「真田の里」は古くから交通の要所であり、斜面上にあった真田館は上州道を真上から見下ろす位置に建っていたことが分かる。まさに、真田館

真田村絵図（長野県立歴史館蔵・上田市提供）

は「真田の里」支配の拠点であった。

絵図によれば、この上州道は館へ通じる二箇所が鋭角に折れ曲がり「虎口《こぐち》枡形《ますがた》」という防御形態を形成し、「番小屋」という地名も残っている。

明らかにこの真田の館は軍事的要地として敵の侵入を食い止めるための防御が施されており、ここに軍事的な緊張感があったことが推察できる。

また、絵図を見ると、この上州道沿いには中町、上町、小路、下小路などの地名があり、ここに真田館を中心とした城下町が営まれていたことが分かる。

真田の里と修験者

この絵図には真田館のすぐ北に山家神社・白山寺が描かれている。現在、その場所に白山寺はないが、山家神社は今もそのまま建っている。

さて、真田町の周囲にそびえたつ山の中でもひときわ目立つのが東方の彼方にそびえる標高二三三三メートルの四阿山《あずまやさん》である。

この高山はかつての火山群の一つで今も勇壮な姿を映し出している。おそらく、この山は、一日を通じて、そして四季を通じていろいろな変化の相をこの真田の里の人々に見せていたのではなかろうか。

朝は朝日を抱いて輝き、夕方はオレンジ色の夕日に染まり、冬は雪をかぶった神秘の山として、秋は紅緑色で織られた織物のように、夏は茶色の山肌を露出した男性的な山として、時には高い雲を抱き、荒神のように大雨や洪水を引き起こす神の山として人々の目には映ったことだろう。

その神秘的な姿から、この四阿山は古くからこの地方では信仰の対象となり霊峰として崇められてきた。しかし、四阿山が崇められたのはそれだけの理由からではない。

それは一つには、この四阿山が真田郷をはじめこの地方を流れる清流神川の源流でもあったことによる。神川はこの地方の、とりわけ灌漑《かんがい》用水として農業生産にたくさんの恩恵をもたらしてきた、まさに「神の川」であり、四阿山はその恩恵の源、つまり神そのものであったわけである。

中世、この地域で山岳仏教が盛んになると、四阿山は今度はその山岳仏教の信仰の対象として崇められ、また、四阿山山頂には、白山信仰の中心となる加賀の白山《しらやま》比咩神《ひめのかみ》が祀《まつ》られ、その里宮といわれている山家神社が真田町山家に祀られるようになった。真田郷の人にとって四阿山は、水分《みくまり》の神の宿る霊山として仰ぎ見る山だったのである。

山家神社

山家神社はその四阿山を奥宮とする里宮であり、延喜式にも載っている古社で、農耕の神の性格が強く、それは真田の里の農業生産が豊かだったことを物語っている。また、真田町から上州へ抜ける峠はその名を「鳥居峠」というが、その名もこの峠に四阿山をのぞむ大鳥居があったことに由来する。

山家神社はその霊峰四阿山の神のパワーを里で受

け止める下社であり、山家神社・白山寺（山家神社の神宮寺）という寺社は霊峰四阿山を本宮とするまさにその里宮であった。そして、そこは必然的に山岳仏教・修験道の一大中心地となっていったのである。

言い換えれば、山家神社・白山寺は白山信仰、つまり修験者、山伏たちがその聖地とした信仰の中心地であったということになる。また、一方、この山家神社は真田氏の尊崇する氏神でもあった。

真田氏は、四阿山・山家神社・白山寺の大檀那をつとめ、代々四阿山山頂の四阿神社の修理を行うなどその管理に力を注ぎ、山家神社、白山寺を深く崇敬していたことが分かっている。

修験者と忍者

『真田町誌』によれば、山家神社・白山寺に代表されるこの白山信仰は「寺院の僧侶ではなく、当時の農民の生活全般の中に受け入れられ、その中で力をのばし成育していた山岳信仰の山伏修験者たちによって次第に民間の中に広められてきた」という。

まさに、真田の里はそれら山家神社・白山寺の修行者、山伏たちをはじめ参拝者や商人などたくさんの人々が信州と上州との間を自由に往き来する重要な交通の要所で、彼らがもってきた様々な情報や物資の流通で賑わう場所であった。

『真田町誌』によれば、真田町から上州群馬県に通じる鳥居峠は弥生時代からの重要な交通路で、当時からかなりの弥生人が往来し、食料などの物資が相互に運ばれていたとみられるという。まさに、信州と上州との往来の歴史は古く、その長い歴史をベースに交通の要地としての真田館の城下町、つまり真田の里は形成されていったのであろう。

さて、修験者、山伏といえば高下駄を履いて、杖を武器にして、木から木へ、岩から岩へと飛び移る身軽な技をもっている。さらに、険しい岩山などで厳しい修行を積み、強靭な肉体をもち、棒術や刀術などの武術に長けている集団でもある。

また、修験者は関所の通行の自由を保障されていることから、全国津々浦々どこにでも入り込むことができ、そこから諸国のいろんな情報を集めることもできた。その意味ではまさに変幻自在、忍者のような集団でもあった。

さらには彼らは情報収集だけではなく、薬草や鉱山技術にも精通している集団であったという。また、諸国からの様々な物資の流通にも大きく関わっていたことだろう。

かつて、室町時代、楠木正成が摂津(大阪府)の赤坂城、千早城に籠って、城を攻める幕府の大軍を、城の上から大岩を落としたり、熱湯やし尿をかけたりと奇計をもって撃退した話は有名であるが、それを支えていたのは、地元金剛山の修験者とも伝えられている。

そのことから、楠木正成も修験者を味方にして幕府軍と戦い、勝利したという説が有力である。彼らは合戦ともなれば、放火、敵の後方撹乱《かくらん》、情報収集と何でもやった。

真田忍者はいたのか?

真田の里はそんな修験者たちが集まる場所であり、真田氏が彼らと大きく関わっていた可能性はきわめて高い。

真田氏では大坂の陣の「真田幸村」のもとで活躍する「猿飛佐助」や「霧隠才蔵」などの忍者の活躍が有名だが、この話自体はフィクションであるとしても、真田家には彼らのような腕のいい本物の忍者はいなかったのかというとそれもあながち否定はできない。

というのは、沼田藩真田家の家臣であった加沢《かざわ》平左衛門が江戸時代天和元年(一六八一)以降に著したとされる『加沢記』などによれば、真田氏は出浦対馬守《つしまのかみ》、富田郷左衛門、来福寺左京、唐沢玄蕃《げんば》、馬場主水《もんど》などという忍者を使っていたとされているからである。

この中には出浦対馬守のようにかつて武田信玄に仕えていたという忍者もいる。『真田家戦功録』によれば、出浦対馬守は他の国の城に忍者を入れるときに、自分の方が先にその城に忍んで、城内の様子を細かくつかんで帰ってきたと伝えられているほどで、腕の良い忍者であったとされている。

また、来福寺左京という忍者はその別名を「千蔵坊」とも称したことから修験者であった可能性が高い。

真田氏は「不思議なる弓取り」といわれ、変幻自在な戦術を駆使して信州上田城や大坂城で徳川軍を大いに悩ませたが、その真田氏の変幻自在な戦いを陰で支えていたのはあるいはこの忍者・修験者たちであったのかもしれない。

何より「真田の里」がそれを物語っている。

第二章　六連銭——真田氏誕生の謎

六連銭

真田といえば、真中に穴のあいた一文銭が三枚ずつ二段に六個連なる独創的な真田家の家紋、「六連銭」(一般的には「六文銭」ともいう)があまりにも有名である。

一度、この「六連銭」の旗が戦場に立つや真田氏は命知らずの軍団として敵に後ろを見せることはなかった。

事実、元和元年(一六一五)大坂夏の陣で、真田信繁が赤一色の鎧兜に身を包み、「六連銭」の旗をなびかせた一団を率いて徳川家康の本陣に突入したとき、その旗を見て本陣近くにいた並み居る旗本たちは震え上がり、主君家康をも見捨てて我先にと逃げていったことはよく知られている。

その真田家の代表的家紋「六連銭」は「六道銭」を表している。

「六道銭」の「六」とは仏教で説く六道の生命、つまり、地獄、餓鬼、畜生、修羅、人、天の六つの迷いの衆生のことをいう。その迷いの衆生が死んで、その死者を葬るとき、棺おけに入れる六文の銭を「六道銭」という。つまり死者が三途の川を渡るときに地獄の番人である獄卒に渡す銭のことである。

そして、真田家がこの「六連銭」を自らの家紋としたということは、真田家は地獄の獄卒すら恐れないという覚悟を示したものであるとも取れる。つまり、どんな死をも恐れぬ決死の覚悟を家紋をもって示したともいえるのである。

それはまさに天下人さえ恐れない真田家叛骨精神のシンボルであったに違いない。

だが、この有名な「六連銭」、実は真田家のオリジナルな家紋ではない。もともと、この「六連銭」の家紋は滋野《しげの》姓海野氏の代表家紋であった。つまり、真田氏は滋野姓海野氏の家紋を自らの家紋にしたのである。

この「六連銭」の家紋をもっていた滋野姓海野氏というのは信濃小県地方において古代から栄えていた名族であり、真田家の文書『御書上』によれば、その海野家では源平合戦で木曾義仲と共に平家と戦った海野幸広が討死した後、家紋を「六連銭」に変えたという。

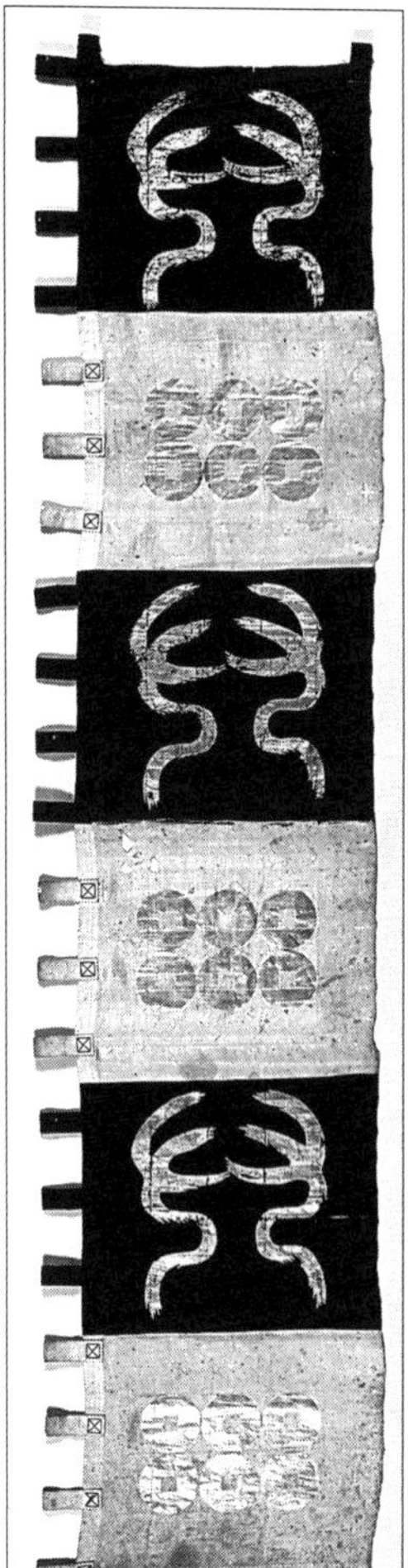

真田家伝来六連銭旗印
（上田市立博物館蔵）

だが、ここに素朴な疑問が残る。それは、なぜ、真田氏はその滋野姓海野氏の家紋を自らの家紋としたかということである。

実はここに真田氏誕生の大きな秘密がある。

真田氏が確かな文献に登場するのは天文十年（一五四一）の幸隆からである。真田幸隆は信繁の祖父にあたる人物であるが、不思議なことにその幸隆以前の真田氏の存在は歴史上まったく不明となっている。

つまり、真田氏というのは幸隆の代から歴史上に突然姿を現していることになり、「真田」という氏族はいったい、いつ、どこから起こってきたものなのか、それが確かな記録上ではまったく分からないのである。

もう一つの真田館「御屋敷」

実は真田町には先の真田の里の他にあと二箇所、真田館があったとされている場所がある。そのうち、はっきりとした館跡が今も残っているのは真田町本原にある「御屋敷」と呼ばれる場所である。

そこは、東西一五〇メートル、南北一三〇メートルという大きな規模をもち、現在、長野県の史跡に指定されている。ここは近年発掘も行われ、そこからは土鍋や鉢、銭、さらには門の石垣などが出土したが、遺物が少ないことから、この館の使用期間が短かったことが推定されている。

御屋敷跡

発掘報告書によれば、この館の構築年代は古く見積もっても天文二十年（一五五一）だという。また、この館は入り口である虎口《こぐち》が内枡形《うちますがた》や食い違い虎口という進んだ構造をもち、さらにはそこへ弓や鉄砲で側面攻撃をかける横矢《よこや》掛《が》けが為されているなど、戦国末期の特徴を色濃く残している。

それらのことから、この館は真田幸隆の子の昌幸が上田城を築いてそこに移るまでの時期に使用された、戸石城時代の真田氏の館ということになろう。とすると、ここに住んでいたのは真田幸隆もしくはそれ以降幸隆の子の昌幸までということになろうか。

破壊された墓石の謎

さらに、真田町にはもう一つ真田氏の古い館の跡であると推定されている場所がある。それは先の真田の里から北に一キロほど行ったところにある「角間渓谷」の入り口にある。「角間渓谷」というのは、神川の支流両岸が高い絶壁となり奇岩怪石が連なる場所であり、講談などでは真田家の忍者猿飛佐助が修行を積んだ場所だとされているが、その入り口に「日向畑《ひなたばた》遺跡」と呼ばれる遺跡がある。そして、ここがかつてのもう一つの真田氏の館跡だとされているのである。

この「日向畑遺跡」は「角間渓谷」に沿って続く小さな街道を眼下に望む段丘の上にあり、この裏山には真田氏の初期の城とされる松尾古城があることから、ここには松尾古城と一体になっていたかつての真田氏の古い館があったと推定されている。

遺跡のある場所は、東西約六十メートル、南北約三十メートルの規模で、小さな運動場くらいの平場となっており、ここにはかつて真田家の菩提所であったとされる「松尾山常福院」という寺があったという。だが、現在は何もなく、平場の隅に古い阿弥陀堂がぽつんと一つ建っているだけである。

ここは長い間畑になっていたようだが、昭和四十六年（一九七一）、その畑の耕作中に、多くの墓石や古銭などが偶然発見された。
町の教育委員会が発掘してみると、そこからはさらに石造五輪塔《ごりんのとう》十一基分、宝篋印塔《ほうきょういんとう》六基分が出土した。そこは、まさに五輪塔と宝篋印塔を中心とした墳墓で、下部には火葬された人骨も埋葬されていた。その中には真田家の家紋である六道銭として納められた古銭を含んでいたものもあったという。

日向畑遺跡

ただ、不思議なことに、火葬骨が埋葬された墳墓は二十三箇所発見されたにもかかわらず、これに対応する五輪塔や宝篋印塔は不完全なものが十六基見つかっただけであった。

つまり、発掘された宝篋印塔や五輪塔はどれも完全な形をしているものはなく、さらに数も本来あるはずの数よりは少なかったということになる。

そのことから、何者かがこの墓石を「故意に破壊したか、あるいは隠滅をしたとも考えられる」（『真田町誌』）という推論がなされた。

また、この墳墓は発見された石塔群の年代や同時に出土した古銭や土器、石皿、石臼などから真田幸隆以前の真田氏のもので、南北朝期の動乱以後の真田氏一族が葬られたものであると推定された。

しかし、いったい誰が何のために、真田氏の先祖と思われる墓を破壊し、隠滅したのか、それが依然謎として残ったことはいうまでもない。

現在、それらの墓石は発掘されたその場所に「日向畑遺跡」として元通りに復元され保存され、誰でも見ることができる。

幸隆以前にも存在していた真田氏

先にも述べたように、真田氏は戦国時代の真田幸隆以前については確かな記録がなくまったく分からない。

だが、現実には「日向畑遺跡」に真田氏の先祖と推定される墓があることから、幸隆以前の真田氏の先祖は確かにここに存在していたことになる。なのに、それがまったく分からないというのは不可解である。

江戸時代松代藩真田家によって編纂された「真田家系図」をはじめとするいくつかの系図には真田氏は海野氏直系の真田幸隆から始まるとされている。

歴史家の小林計一郎氏は「この真田氏では幸隆以前の確実な名は一つも伝えられていない。これは真田氏が海野氏の嫡流と称したことにより、本当の先祖が抹殺されてしまったとも考えられる」（『真田一族』）としている。

しかし、だとすれば、なぜ真田氏は自らの先祖を抹殺しなければならなかったのであろうか。

事実、現在残されている真田系とされる系図はどれも真田氏はもともと信州の名族海野氏であり、幸隆の代になって真田の地に住み真田を名乗ったとしている。

だが、「日向畑遺跡」の存在は幸隆以前の真田氏が確かに存在していたことを証明している。

さらには、真田氏が幸隆よりずっと以前から真田の地に存在したのではないかと推定される文献もいくつか存在している。

その一つは応永七年（一四〇〇）に行われた大塔合戦の模様を記した『大塔《だいとう》物語』である。

実は、そこに参戦した武士の中に「実田」という名の武士が出てくるのである。

この書ではわざわざ「実田」に「さなだ」とふり仮名がつけられていることから、その武士の名は「さなだ」、つまり真田氏ということになる。

大塔合戦というのは、応永七年（一四〇〇）に大塔河原（現在の長野市篠ノ井）で行われた信濃守護小笠原氏とそれに反抗する信濃在地の土豪武士団とが戦った合戦のことであるが、その中の禰津《ねづ》遠光に従った武士の中に「実田」という名が見えるのである。

しかも、興味深いのは、この禰津氏に従った武士の中には真田氏の他に「横尾」氏、「曲尾《まがりお》」氏という名前が見えることである。

この「横尾」「曲尾」というのはどれも現在の上田市真田町に実際に存在する地名である。そのことから、「真田」「横尾」「曲尾」氏というのは真田町のそれぞれの地名の場所をその本拠地としていた豪族だと考えられる。

つまり、当時の真田氏は横尾氏や曲尾氏とともに真田町一帯の地を三分する形で領有していた豪族であったと考えられるのである。

ここから、真田氏は幸隆より一五〇年前は真田町の一部を領有するだけの小さな豪族であったことが推定できる。

過去を切り捨てた?真田氏

まだある。江戸時代の編纂ではあるが、『信陽雑誌』という書には、永享十年(一四三八)の結城合戦で信濃の豪族村上頼清に従って出陣した北信濃武士の中に海野十郎、禰津小

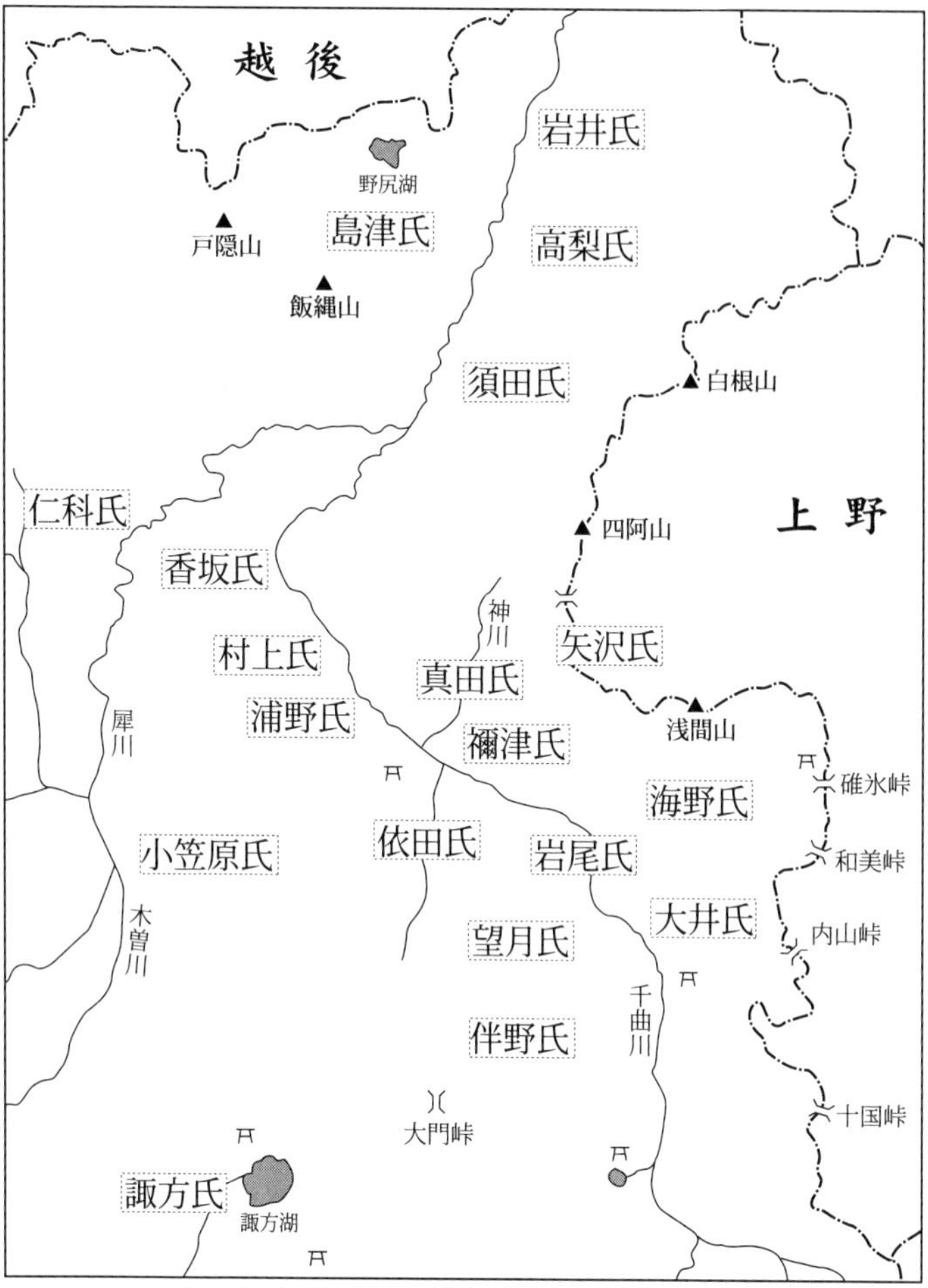

武田氏来攻以前の北信濃の主な勢力地図

二郎、室賀《むろが》入道たちとともに真田源太、源五、源六の名が見える。

これらの武士たちはその名前からどれも上田・小県地方の武士であることは間違いない。となると、ここに出てくる真田源太、源五、源六も当然小県真田地方の武士、すなわち真田氏の先祖ということになろう。

これらのことから、真田氏という氏族は古くから真田郷に土着していた土着の豪族すなわち土豪であった可能性が高い。

しかし、そんな地方の小さな一豪族であった真田氏がどうして信濃の名族海野氏と結びついたのであろうか。また、真田幸隆以降の真田氏はその真田郷に土着していた豪族であった自らの過去を切り捨て、自らを信濃の名族海野氏の嫡流と称し、その系図までも作り変えてしまったのであろうか。

ここで思い出されるのは、先の「日向畑遺跡」である。ここでは破壊された真田氏の先祖と思われる墓石が多数発見されていた。

『真田町誌』は、何者かがこの墓石を「故意に破壊したか、あるいは隠滅をした」としているが、破壊はともかく、それは真田氏が自らの先祖を抹殺しようとした跡なのだろうか。

ただ、真田郷は天文十年（一五四一）に北信濃の豪族村上義清らに攻められていることから、そのとき、そこにあった寺が焼かれ墓石が壊された可能性も否定はできない。しかし、だとしたら、その墓石は破壊されたままそのまま放置され土の中に昭和の時代まで長く埋もれていたことになる。

この事実は、少なくとも、真田氏がそれを掘り返して自らの先祖の墓を復元することをまったくしなかったことを意味している。

これもまた考えてみれば、不可思議なことである。

海野氏に成りきった真田氏

真田幸隆は武田信玄の重臣としてその頭角を現していくが、武田氏の家臣たちが信濃生島足島《いくしまたるしま》神社に奉納した信玄への誓書をみると、現実には海野氏一族とみられる海野姓の武田家家臣は何人もいたことが分かる。

しかも、その中にあって幸隆は最後まで海野の姓を名乗ってはいない。考えてみれば、これも不思議なことである。自ら海野氏の直系と称するなら誰よりも積極的に海野と名乗ってもよいはずである。

そして、現実には、武田信玄の二男で盲人であった龍芳《りゅうほう》も海野氏の娘を妻として、海野氏の名跡を継いだという事実もある。

だが、真田氏は確かに幸隆以降、さらには大名になっても海野氏の嫡流を継ぐ家として強烈に自己主張をしている。しかも、真田氏は他の大名のように便宜上、つまり単に系図の上だけで海野氏の直系を名乗っていたわけではない。

例えば、現在、上田城の北東方向には鬼門除けとして開善寺（のちの海禅寺）と八幡社が配置されているが、この両方の寺社はともに上田築城以前は本海野、つまり海野氏の本拠地にあったことが分かっている。しかも、その二つの寺社は海野氏の居館があったと推定される場所（本海野小字太平寺）のやはり鬼門の方角に建てられていたというのである。

つまり、真田氏は、自らの居城である上田城を築城するにあたって、海野氏の例にならい、本海野より鬼門除けとして開善寺と八幡社をわざわざ城下に、それも上田城の鬼門の方角に移したと考えられるのである。

そして、上田城を築城した真田昌幸はさらに本海野から願行寺、天文年間に戦死した海野幸義の菩提を弔うために建てられたという日輪寺も上田に移した可能性があるという。

また、真田昌幸の上田城下町は寺社の配置も含めて、海野氏の本拠地本海野から移された海野の町がその構成の基本要素となっていたという。そこでは、上田は完全な海野氏の城と城下町という体裁を取っていたのである。

ここで興味深いことは、真田氏はその本拠であるはずの真田郷から上田へ寺社を一つも移してはいないということである。

このように、真田氏は徹底的に海野氏の事績を継承している。

また、真田信幸は妻の一周忌に建てた銘文の中で自らを「真田伊豆守滋野朝臣《あそん》信之」としているが、海野氏は滋野氏が小県郡の海野に住したことから名乗った名であることから、ここでいう滋野姓はそのまま海野姓を表しているのは確かである。

滋野氏の本家であった海野氏

しかし、それでは、真田氏がここまでこだわり、最後まで自らの祖と称した滋野姓海野氏というのはどんな氏族であったのだろうか。

滋野氏というのは伝承によれば、清和天皇の皇子貞保《さだやす》親王の孫である善淵恒陰が滋野と称して信濃守として赴任してきたことから起こったとされているが、その真偽のほどは分からない。

ただ、この信濃の滋野一族は現在の小県郡東部町海野のあたりに本拠を置き、古代末期から中世にかけて、信濃の一大勢力であったことは間違いがない。

これがやがて三家に分かれ、海野氏（東部町海野）、禰津《ねづ》氏（東部町）、望月氏（佐久郡）とそれぞれの居住地の名を名乗ったのである。そして、海野氏は滋野三家でも本家筋とされていた。

その三家が分かれたのは平安時代後期の十一世紀ごろで『続群書類従』所収の「信州滋野氏三家系図」によれば、海野氏六代の為通の子の道直が禰津氏を、同じ為通の子の広重が望月氏を称したとされている。

さらに、中世に東信濃の名門として栄えたこの海野氏・禰津氏・望月氏ら滋野一族は、信濃（長野県）小県地方から筑摩郡北部、さらには鳥居峠を越えて遠くは関東上野（群馬県）沼田方面にまで広く氏族を生み、信濃から関東の一部にまでその広がりをみせていた。

その滋野一族の本家筋である海野氏の本拠は海野郷（小県郡東部町本海野）であった。ここはかつて海野荘と呼ばれた地域で、その領主は平安時代に栄華を極めた藤原家であった。

そのことから、海野氏は平安時代、天皇家の親戚となり摂政・関白として力を伸ばしていた藤原氏に従属し、その荘官として勢力を蓄えたものと考えられている。

修験者の大檀那であった海野氏

この海野氏の名が初めて歴史に現れるのは、保元の乱(一一五六)を描いた『保元物語』である。そこでは、源義朝指揮下の武士の中に海野幸親という武士の名がみえる。その後、治承四年(一一八〇)から源頼朝が平家打倒に立ち上がる有名な源平合戦が始まるが、海野氏をはじめとする滋野一族は木曾義仲の軍に加わって打倒平家をめざし京に進んでいった。

この源平合戦で海野氏の当主の幸広(幸親の子)は討死し、総大将の木曾義仲も頼朝の弟源義経に攻められ敗死する。しかし、海野幸広の子の幸氏は何とか窮地を脱してその後鎌倉幕府の有力な御家人となった。この海野幸氏は『吾妻鏡』にも弓馬の達人として登場し、鶴岡八幡宮の流鏑馬《やぶさめ》の射手に選ばれている。まさに、海野氏は名実ともに信濃の名門の武士であった。

しかし、この海野氏にはもう一つの特徴的な流れがあった。

それは、海野氏に代表される滋野一族は修験者と深い関係をもっていたことである。滋野氏が氏神としていた白鳥《しらとり》明神は修験の神であり、滋野一族自身も長い間修験山伏や巫女《みこ》を支配してきたといわれている。まさに滋野氏自身が修験者の大檀那であった可能性が高いのである。

そして、この白鳥神社は海野氏の本拠地海野にあることから、海野氏は滋野氏の本家としてその修験信仰をそのまま継承してきたことが分かる。

修験者は一面では確かに宗教者には違いないが、険しい岩山などで厳しい修行を積んでおり、山野荒地を駈け巡りどんな難路をも通行できる技術を持っていた。現在のように、携帯電話や無線、郵便制度もなく、道路が整備されていない状況では、情報伝達源としての彼らの足がどんなに貴重なものであったかは計り知れない。

白鳥神社

しかも、彼らは、関所の通行の自由を保障されており、全国津々浦々どこにでも入り込むことができ、そこから諸国のいろいろな情報を集めることができるネットワークをもっていた。このネットワークによって単に情報を集めるだけではなく、こちらからの情報の発信源ともなりえる存在であった。
さらには、彼らは強靭な肉体をもち、棒術や刀術などの武術にも長けており、薬草や鉱山技術にも精通している集団であった。そんな様々な技術をもつ一大集団でもあった修験者を味方につけることが経済的にも軍事的にもどれほど重要であったかはいうまでもない。

六連銭と海野氏

その海野氏と修験者との関係を示す興味深いエピソードがある。

『源平盛衰記』によれば、木曾義仲は養和元年(一一八一)横田河原の戦いで平家方の城太郎資永の軍を破り、北陸路より京都を目指して攻め上がっていったが、そのとき、白山権現に願文を綴ったというのである。白山権現とはまさに修験の神であり、真田氏が信奉した山家神社も別名を「白山権現」といった。そして、このとき願文を書いた人物の名は覚明といい、先の海野幸広の弟とされている。

この覚明という人物、実は修験者・山伏的な学識僧であったというから、自身も修験者であった可能性が高い。

このように、海野氏は自身の身内にも修験者をもつほど、その信仰に傾倒しており、そのため、修験者とのつながりは相当に深かったといえるであろう。

後に真田家の家紋となる「六道銭」はこの覚明あたりから海野氏の家紋とされたというが、この辺りに「六道銭」と修験との関係が感じられる。

以上のことから、海野氏は信州（長野県）小県から上州（群馬県）沼田に至るまでその広がりを見せていた滋野一族の頂点に立つ存在であった、そして、長年修験者たちを支配してきたそのシンボル的な存在であったという二つの重要な特性をもっていたことが分かった。

そしてこの二つのポイントは真田氏を理解する上で共に欠かせないものであることは、何よりその後の真田氏の歴史の軌跡が示している。

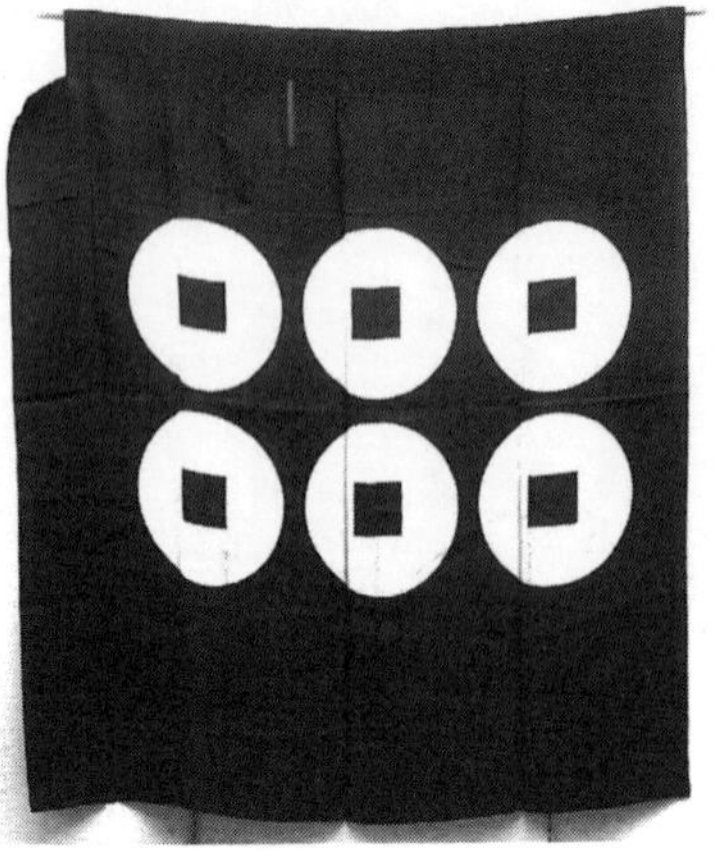

紺絹地六連銭四方の旗印（真田宝物館蔵）

幸隆は海野家嫡流か？

しかし、真田氏というのはこの海野家とは本当にまったく何の縁もゆかりもない氏族であり、幸隆はそれを単に詐称したのであろうか。

今も残る真田家系図をよく見てみると、微妙にその流れが二つの系統からなっていることが分かる。

「松代藩真田家系図」や「滋野世紀系図」などその一つの系統は、真田幸隆を海野家の当主棟綱《むねつな》の子としているか、もしくは棟綱の嫡子幸義の子としている。

これは幸隆が海野氏嫡流であることを示している。ただ、そこではもともと海野氏の嫡流であった幸隆が海野の地から真田郷に移り住んで初めて真田氏を名乗ったとされている。このことは松代藩士竹内軌定《のりさだ》が真田家の歴史を綴った『真武内伝』にも記されている。

しかし、この説は先に検証したように、真田町に残る真田氏に関する遺跡や『大塔物語』などの記述からその信憑性《しんぴょうせい》は低い。真田氏というのはもともと真田郷を本拠としていた小豪族であった可能性が高いのである。

一方、幸隆が海野棟綱の子であるという説は松代藩真田家八代目の幸貫《ゆきつら》が編纂した『真田家御事績考』も採用している。

この『真田家御事績考』は自らの先祖の事績が滅失したり、その伝承に誤りが多いことを遺憾に思った幸貫が家臣に命じて、古文書、記録、その他の資料を集めてわざわざ編纂したものといわれている。そこには幸隆は永正十年(一五一三)の誕生で父海野棟綱、母某氏とある。

また、比較的信憑性の高い資料とされている沼田真田家の家臣であった加沢平左衛門が江戸時代天和元年（一六八一）以降に著したとされる『加沢記』にも、幸隆は海野棟綱の次男で棟綱がその領地の内、真田、小日向、横沢、原郷、荒井など三百貫目の土地を譲ったことにより、真田村甲石に屋敷を構えたとある。

この加沢平左衛門が『加沢記』を著した目的は、天和元年（一六八一）に主家である沼田藩真田家が改易されるにあたって、主家の正確な歴史を書き残すことにあったと思われる。それだけに内容は文書類など正確な資料に基づいて記述されているとされている。さらには、平左衛門自身も現地を歩いたり古老などからの聞き取り調査を行ったりして自ら資料を集めたという。

だが、この歴史的に正確な記述を基とした『加沢記』においても、幸隆は真田村甲石に屋敷を新たに構えたということになっている。

真田氏の先祖は誰か？

しかし、先に述べたように、この屋敷跡からは中国銭が大量に出土しているという事実がある。ここから考えると、真田屋敷は幸隆以前から存在していた可能性が高いと考えざるを得ない。

というのは、真田屋敷跡から出土している中国銭というのが、最も古いものが唐の時代（六一八〜九〇七）の開元通宝、最も新しいものが明の時代、一四〇八年から鋳造が始まった永楽通宝であったことから、この中国銭が埋められたのは、一四〇八年以降ということになるからである。

全国で埋蔵銭の調査を行っている永井久美男氏の時代区分によれば、最新銭が永楽通宝の場合は一四〇八年〜一四二三年までの十五年間のうちに埋められた可能性が高いという（『真田町誌』）。

つまり、永井氏の説を採れば、それら中国銭は室町時代初期の応永年間（一三九四〜一四二七）に埋められたことになり、それは真田屋敷には幸隆以前から真田氏が住んでいたことの何よりの証明となる。

そう考えると、幸隆が真田屋敷を改修することはあっても、真田関係の系図や諸書がいうようにそこに初めて屋敷を構えたことにはならない。真田村甲石の地は幸隆以前の真田氏も住んでいたことになるのだ。

その意味で、この『加沢記』の記述も他書と同じく「幸隆が海野の地から真田郷に移り住んで初めて真田氏を名乗った」という説と同様のものであることが分かる。

また、『甲斐国志』にも「幸隆、海野棟綱の次男なり。幸隆はじめて小県郡真田に遷居して氏となす」とある。ここでも、幸隆は海野氏嫡流の棟綱の子、つまり幸隆は海野氏嫡流の血を引く人物であるとしている。

真田系図が示す真実

一方、歴史学者の峰岸純夫氏は、興味深い見解を示している。

峰岸氏によれば、真田家系図には近世まで流布してきたものとは別系統の系図、例えば良泉寺系図や矢沢家系図があり、それによれば、海野棟綱の娘が真田頼昌と結婚し生まれてきたのが、真田幸隆・矢沢頼幸・常田隆家であるというのである。これによれば、幸隆は棟綱の孫ということになる(「信濃・上野における戦国の終焉」『信濃』)。

確かにこれもありえないことではない。小豪族真田氏にとって海野氏は主家ともいうべき家であり、そうした関係から両氏は何代にもわたって交流があったと考えるのが自然であるからである。

この説を採ると、幸隆は棟綱の孫ということになり、海野氏嫡流そのものとはいえな

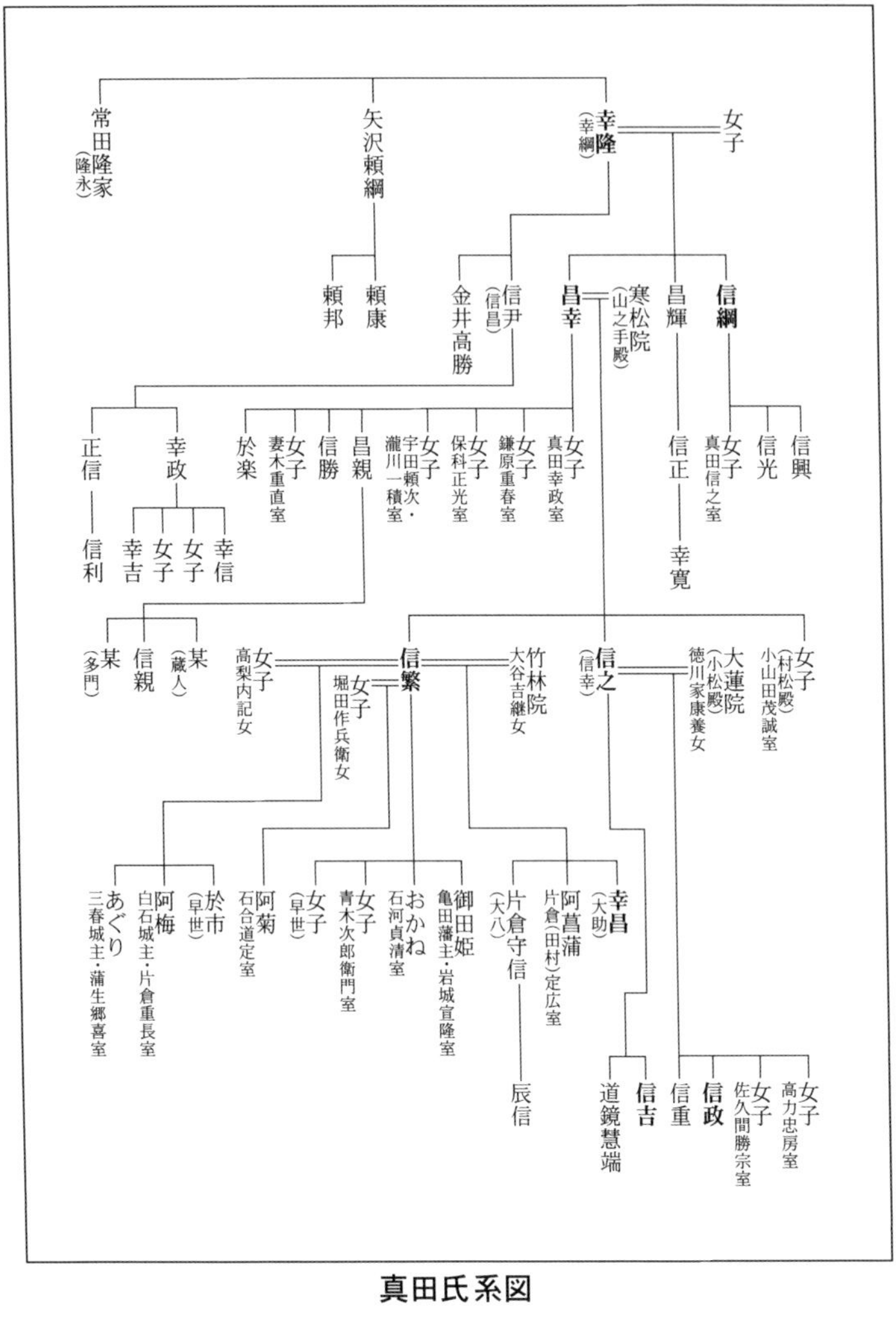
常田隆家(隆永)
矢沢頼綱
幸隆(幸綱)
女子
頼邦
頼康
金井高勝
信尹(信昌)
昌幸
寒松院(山之手殿)
昌輝
信綱
正信
幸政
於楽
女子 妻木重直室
信勝
昌親
女子 宇田頼次・瀧川一積室
女子 保科正光室
女子 鎌原重春室
女子 真田幸政室
信正
女子 真田信之室
信光
信興
信利
幸吉
女子
女子
幸信
幸寛
某(多門)
信親
某(蔵人)
女子 高梨内記女
信繁
女子 堀田作兵衛女
竹林院 大谷吉継女
信之(信幸)
大蓮院(小松殿) 徳川家康養女
女子(村松殿) 小山田茂誠室
あぐり 三春城主・蒲生郷喜室
阿梅 白石城主・片倉重長室
於市(早世)
阿菊 石合道定室
女子(早世)
女子 青木次郎衛門室
おかね 石河貞清室
御田姫 亀田藩主・岩城宣隆室
片倉守信(大八)
阿菖蒲 片倉(田村)定広室
幸昌(大助)
辰信
道鏡慧端
信吉
信重
信政
女子 佐久間勝宗室
女子 高力忠房室

真田氏系図

いが、それに近い血筋であったことにはなる。

この系図の特徴は海野氏の先祖である滋野氏を清和天皇の第五皇子ではなく、滋野宿《すく》禰《ね》に始まる信濃の古族としていることである（芝辻俊六『真田昌幸』）。

さらに、幸隆の出自を考える上で、もう一つ気になるのは、幸隆の若いときの名乗りである。

幸隆は永禄二年（一五五九）ごろ主君信玄の出家にともなって自らも頭を剃って入道となり、「一徳斎」となってから、その晩年に「幸隆」と名乗ったとされている。つまり、「幸隆」という名は実は晩年の名であり、幸隆の名は確かな文献によれば早い時期には「幸綱」と記されているというのである。

真田幸隆（幸綱）**像**
（長国寺蔵・真田宝物館提供）

例えば、高野山蓮華定院の過去帳では天文九年（一五四〇）に「弾正忠幸綱」と記され、永禄五年（一五六二）の四阿山奥社殿扉に書かれた名前も「大檀那幸綱」となっている。

つまり、幸隆は「真田幸綱」というのが若いころの正式な名であったと思われるのである。だが、最近の研究では「幸隆」の名乗りは幸隆四十歳の時の天文二十一年の賀詞に見えることから、幸隆は「幸隆」「幸綱」という両方の名を使用していたようである（石川昌子「真田幸隆（幸綱）新出資料紹介」『武田氏研究』第三十三号）。「信州滋野氏三家系図」などを見ると「幸綱」の「幸」という一字は明らかに海野氏の流れを汲む人物の名乗りであることがわかり、「綱」は海野氏の当主の名「棟綱」から来ているとも思われる。というのは、海野氏の系図を見ると「綱」を名乗る人物がほとんどいないからである。

そう考えると、幸隆が棟綱の子、もしくは孫であったという多くの真田家系図の説はどこか信憑性を帯びてくる。

海野氏と真田幸隆の関係

そう考えると、幸隆は海野棟綱の子、もしくは棟綱の娘の子（孫）というような海野氏の嫡流もしくはそれに近い血を引く人物であったのではないかということが推理できる。事実、矢沢家系図上で幸隆の父とされる頼昌の墓は存在している。

だが、真田家系図には、この頼昌は出てこない。これについて、峰岸氏は、幸隆の父頼昌は系図の上で抹殺されてしまったからだとする。

それでは、なぜ、幸隆は実の父を系図から抹殺しなければならなかったのであろうか。それは、真田氏が大きくなる段階で先祖を小豪族の真田ではなく、海野の方につなげてしまうことが必要だったからである。真田氏は幸隆以降、武田信玄のもとで信濃小県から関東上州にかけての侵略を開始するが、それにはその地域に大きな影響力をもつ海野氏を祖としておく方が都合がよかったのである。

先に述べたように海野氏は信州小県から上州沼田に至るまでその広がりを見せていた滋野一族の頂点に立つ存在である。

自らが海野の嫡流になれば、彼らを従えるのに大きな大義名分ができる。つまり、真田氏はその目的というか野望のために、自ら海野嫡流に成りきったといえるのである。ここにおいて、真田氏は小県真田の小領主真田氏を捨て去り、自ら海野嫡流真田家として歴史の舞台に登場したのである。

このことによって、幸隆以前の真田氏はその存在すらも分からなくなってしまったのであった。

小林計一郎氏は、幸隆が後に真田郷の領地を回復した後も「日向畑遺跡」の真田家祖先の墓を復元しなかったのは、海野嫡流を僭称《せんしょう》したため本当の墓は不要になったからだとしている(『真田幸村のすべて』)が、まさに首肯《しゅこう》できる説である。

幸隆、そしてその後昌幸、信幸と続く真田家にとっての先祖とはあくまでも海野本家であり、「日向畑遺跡」の真田氏ではなかったのである。

第三章　真田信繁登場

沼田城攻略

昌幸は真田家を継ぐと本領である真田郷に赴き、その経営にあたるとともに、岩櫃城にも赴き上州吾妻郡《あがつまぐん》の経営にも力を注がねばならなかった。

そこでは勝頼の命で、湯元、鎌原、西窪ら滋野一族六氏が昌幸の配下とされ、吾妻郡の滋野一族は真田家のもとに結集される流れができようとしていた。

昌幸は武田家の家臣として吾妻郡の経営を任されていたが、形の上では小県から西上州吾妻郡に至るまでの広い範囲で滋野一族を従えるという構図になった。それは、海野嫡流を自称する真田氏にとって、滋野本家すなわち海野嫡流家による滋野一族の領国を作るという真田幸隆以来の夢へ一歩前進したことになる。

真田昌幸像（上田市立博物館蔵）

さて、長篠の合戦で大敗した勝頼は、復活した北条氏との同盟を強固にし、織田・徳川氏に備えようとしたが、折りしも、天正六年（一五七八）三月隣国越後（新潟県）では父信玄の宿命のライバルともいうべき上杉謙信が死去し、上杉家ではその後継者をめぐって景勝《かげかつ》と景虎《かげとら》という謙信の二人の養子の間で抗争が引き起こされた。いわゆる「御館の乱」である。

この謙信の二人の養子は、景勝が謙信の姉の子、つまり謙信の甥にあたり、もう一方の景虎は北条家の当主氏康の子で、北条家から人質として上杉家にきていたのを謙信が気に入って養子にしたものである。

この抗争で景勝、景虎の両者は共に勝頼に援軍を要請し、事態を有利に運ぼうとしていた。特に景虎の出身は北条家であり、北条家と同盟関係にあった武田家に期待を寄せるのは当然であった。

勝頼は当初、両者の調停をはかるために出兵したが、それに失敗し、結果的に景勝を支持することになった。

それは勝頼にとって苦渋の選択であり、本意は景勝、景虎の両者を調停し、越後の内乱を終結させることにあったものと思われる。だが、その調停が失敗に終わった以上、勝頼は景勝、景虎どちらかを選ばねばならなかった。

この勝頼の選択については、このすぐ後に武田家が滅亡することから、勝頼が選択を誤ったという指摘がよくされるが、もし、このとき北条氏が勝っていれば、北条氏は関東から越後に至るまでの大領国を形成し、武田家にとって最も大きな脅威になったはずであり、勝頼の判断はあくまでもそのことを憂慮してのものであったのかもしれない。

勝頼が景勝を支持したことにより、景勝は背後からの脅威を取り除き、景虎との戦いに勝利し、上杉家の後継者となることができた。ここに謙信以来宿敵であった上杉氏と武田氏は友好関係を結び、同盟関係となったのである。しかし、それは一方で北条氏との同盟の破棄を意味していた。

そこで、北条氏はこの混乱に乗じてかねてから狙いをつけていた上杉方の沼田城を乗っ取り、城代に重臣の猪俣邦憲を据え、新たに敵となった武田氏に対抗することになった。

沼田城は越後から三国峠を越えて関東に出る、いわば越後から関東への入り口にあたる。また、一方、西は中山峠を越えて吾妻郡に通じている。まさに、交通の要衝に築かれていた。そのことから、越後の上杉氏はここを関東への最前線の城として重要視していた。

また、北条氏にとってはこの城がある限り、いつでも上杉氏から攻められる危険性があることから、この城を取って上杉氏の関東進出を封じ込める必要があった。ゆえに謙信死後の天正六年(一五七八)、北条氏は沼田城を上杉氏から奪取している。

一方の武田氏や真田氏にとっては、この沼田城を取らない限り、吾妻郡の支配が北条氏に脅かされる危険性があり、吾妻郡の完全な防衛のためにはどうしても欲しい城であった。

上杉景勝は武田勝頼と同盟関係を結んだことにより、これまで上杉氏の領地であった西上州（群馬県西部）を武田氏に譲ることになり、これにより、武田氏は上州への侵略を加速していった。

武田勝頼はその先陣を真田昌幸に命じたが、その武田氏の領地と北条氏の領地が互いにぶつかる最前線がまさに沼田城であった。

天正七年（一五七九）九月、真田昌幸は重臣の矢沢頼綱に命じて沼田城を攻めさせる一方で、沼田城攻めの拠点として狙いをつけていた名胡桃《なぐるみ》城の城主鈴木氏、小川城の小川氏を味方につけることに成功した。

名胡桃城と小川城は現在群馬県利根郡みなかみ町にその跡が残っているが、共に利根川を挟んで沼田城の対岸にあり、沼田城攻略に恰好の場所にあった。特に名胡桃城は沼田から直線距離で四キロほど北の利根川対岸にあり、そこからは沼田城を眼下にうかがうことができた。

昌幸はこの名胡桃城を拠点に沼田城攻めを行ったが、沼田城の救援に赴いた北条軍に逆に名胡桃城まで攻め込まれやむなく兵を引いた。

昌幸は翌年の天正八年（一五八〇）三月と四月にも沼田城を攻めたが落とすことができず、五月に入って城を守っていた金子美濃守を調略して味方につけ、そこを突破口にしてついに城を攻め落とすことに成功した。

この沼田城の奪取により、昌幸は勝頼から沼田領の支配も認められ、本拠地真田郷はもちろん、小県から関東沼田に至るまでの領国の支配を任されることになった。しかも、吾妻郡の滋野一族はそのまま昌幸に配下につくことになったことから、それはまさに小県から関東沼田に至る滋野領国の統一といえた。昌幸は父幸隆が為し得なかった真田の夢をついに実現させたのである。

武田氏滅亡

しかし、そんな真田の夢も長続きはしなかった。

それは、天正十年(一五八二)主家である武田家が突然滅亡してしまったからである。

長篠の合戦以来凋落の続いていた武田家の当主勝頼は天正九年(一五八一)七月居城を甲府から韮崎《にらさき》の新府城(山梨県韮崎市)に移し巻き返しをはかろうとしていたが、翌天正十年(一五八二)一月、木曾谷の領主で勝頼の姉婿の木曾義昌が、武田家を見限って織田信長に内通するという事件が起きた。

信州木曾は信長の領国美濃に近い。そのため、木曾義昌は以前から美濃苗木城主の苗木久兵衛より内通の誘いを受けていた。それが功を奏して、義昌はついに勝頼に見切りをつけて信長への内通を決意したのであった。

この報を聞いた勝頼は怒って、木曾攻めを決め、従兄弟の武田信豊を大将に木曾口に三千の兵を、弟の仁科五郎盛信（信盛）を大将に伊那口に二千の兵を差し向けた。また、勝頼自身も一万五千の兵を率いて諏方上原城に入った。

この事態に危機感をつのらせた木曾義昌は織田信長に援軍を要請した。すると、信長はすぐにそれに対応し、嫡子信忠を先陣として木曾に向かわせた。信長はここで一挙に大量の兵を投入して武田を叩く作戦に出たのであった。

信州の伊那に入った信忠軍は怒濤のように進軍し、伊那浪合の下条信氏を追い払い、伊那松尾城の小笠原氏を投降させた。この織田軍の勢いに恐れをなした飯田城の保科正直、大島城を守る勝頼の叔父武田逍遥軒は城を捨てて逃亡する始末であった。

また、木曾口から入った苗木久兵衛も鳥居峠で武田信豊率いる武田軍に完勝し、松本平まで進んだ。武田の戦線は一気に崩れていった。

一方、織田軍の信濃侵攻と同時に徳川家康も駿河（静岡県）に兵を進め、武田方の田中城を攻めて守将の依田信蕃《よだのぶしげ》を投降させ、同じく武田家の親族である穴山梅雪を内応させてその居城江尻城を明け渡させた。

ここ駿河でも武田方は為す術もなく、瓦解していった。特に、武田家の親族で重鎮である穴山の離脱は、それに拍車をかけることになった。

そんな中にあって、唯一織田軍を相手に最後まで戦ったのが、信州伊那でただ一つ残された武田方の拠点高遠城を守る勝頼の弟仁科五郎盛信であった。

織田信忠は高遠城を包囲すると、「勝頼はすでに諏方を退去し、武田家では離反者も多く出ている。今さらの籠城など無益な抵抗である」という矢文を送り、降伏するよう盛信を説得した。しかし、盛信はこれを頑として拒否し、徹底抗戦の道を選んだ。

そのため、信忠は説得をあきらめて高遠城に総攻撃をかけた。盛信は兵を励まし、自ら先頭に立って敵に立ち向かって戦ったが、多勢に無勢、しかも援軍のない孤立した中でついに力尽きて、盛信はじめ四百余人の城兵全員が壮絶な討死を遂げた。

信玄の弟で勝頼の伯父の逍遥軒は敵と戦うことなく城を捨てて逃亡、さらには従兄弟の信豊も合戦に負けると逃亡して二度と敵と戦うことはなかった。その中で盛信とその家臣たちは織田に武田武士の最後の意地を見せ、戦いの中で壮絶に死んでいったのであった。

高遠城の落城、そして弟盛信の壮絶な死を聞いた勝頼の思いはいかばかりであったろうか。だが、その最中にも家臣たちは勝頼を見限って次々と逃亡していき、勝頼のもとには女衆を含めて二百余人、馬上の武士は二十騎ほどしか残ってはいなかった。

もう、こんな人数では城に籠城して戦うことはできなかった。そこで、勝頼は築いたばかりの新府城に火をかけ、甲斐都留《つる》郡の小山田氏を頼って落ちていった。だが、その小山田にも裏切られ、逃亡中の天目山田野(山梨県東山梨郡)で休憩していたところを織田勢に攻められ、ついに勝頼はじめ全員が討死してしまった。ここに武田家はあっけなく滅亡した。天正十年三月十一日のことであった。

『加沢記』によれば、この緊急事態に、昌幸は勝頼に「私の領する岩櫃城は要害堅固で食糧も十分貯えてありますので、三千くらいの兵でしたら三年や四年は十分耐えられます。まずは岩櫃城に入って再起をおはかり下さい」と進言したという。

勝頼も一度はそれを了承したため、昌幸は岩櫃城に向かい、その準備にあたっていたが、結局、勝頼は譜代の重臣小山田氏を頼り岩殿城(山梨県大月市)を目指して逃げていった。しかし、そこでも勝頼は小山田氏に裏切られ、あげくはその逃亡の途中で織田軍に攻められ死を迎えることになったのであった。

その岩櫃城には勝頼を迎えるために昌幸が普請した「お屋敷」があったという伝説が今も残っている。

武田家は真田家をここまで引き立ててくれた大恩ある主家であった。昌幸はその滅亡だけは何としても阻止したかったことであろう。

『古今沼田記』によれば、昌幸は「自分が勝頼様のそばにいれば小山田の謀略から守ることができたのに。勝頼様の最期を見届けられなかったのは何とも無念である」と涙を流して悔やんだという。

しかし、昌幸は武田家の滅亡を悲しんでばかりはいられなかった。武田家の領地がすべて織田家に侵食されてしまうという現実に直面したからである。

昌幸は信玄、勝頼のもとでせっかく築いた滋野領国を誰にも渡すわけにはいかなかった。昌幸はさっそく新たな支配者となった信長に会うため高遠城（長野県高遠町）に出向き、織田家に臣従する旨を伝え、とりあえず最低限の領地だけは安堵された。ただ、沼田城は上杉対策からか信長の重臣滝川一益に取り上げられてしまった。

だが、今度はその新たな領主となったばかりの織田信長自身が、武田氏滅亡から三ヶ月後に京都本能寺において倒れ、信長の領国支配がたった三ヶ月で瓦解するという事態を迎えた。

その混乱の中、今度は、徳川・上杉・北条の三氏が三つ巴で旧武田領国を侵食し始めた。ちなみに家康は甲斐（山梨県）を制圧し、上杉景勝は川中島をはじめとする北信濃を獲得、北条は佐久・小県方面に手を伸ばしていった。

その中でも特に昌幸の本拠地である小県は、徳川・上杉・北条の争奪戦の中心となっていた。昌幸の小県での所領はまだ真田郷を中心とする一部の限られた地域でしかなく、昌幸一人ではその領地すら守ることは難しかった。
昌幸は再び、大きな戦乱に巻き込まれていった。

北条氏から徳川氏へ

そんな中、昌幸は織田信長滅亡後早々に北条氏への臣従を決め、そのもとでかつての領地を確保すべく画策していった。その背景には北条氏側が、武田家滅亡時から昌幸を配下にすべく接触を始めていたという事情があった。昌幸はそれに乗る形で北条氏に臣従することを決めたのであった。

北条氏に臣従したものの、昌幸はこのときも、吾妻郡はもちろん混乱で一時城主のいなくなっていた沼田城を確保するなど、北条氏の意に反する行為を繰り返した。

ここに、表面上は北条氏に従いながらも、裏ではかつての領地を確保しようとする昌幸のしたたかさを見ることができる。そのことから、昌幸の北条氏への臣従は、これから先の情勢をにらみながらの、当面の時間稼ぎの行動であったと思われる。

というのは、北条氏はそのうち必ず沼田城の返還を昌幸に求めてくることが予想されたからである。事実、北条氏はかつての沼田城代猪俣邦憲に真田氏の沼田城を攻めさせていた。沼田城は上州を完全支配したい北条氏にとっては喉から手が出るほど欲しい城であった。

昌幸は天正十年（一五八二）七月に北条氏に臣従したが、その二ヶ月後の九月には今度は北条氏から離反して徳川家康に臣従する旨を伝えた。

その間、北条氏は信濃の佐久郡、小県郡を制圧する動きに出ていた。真田の領地の侵食も時間の問題であったといえる。

そんなことから、昌幸は北条氏に見切りをつけ、家康に従うことにした。

家康に従うにあたっては、昌幸の実弟加津野信昌や佐久の豪族依田信蕃の説得もあったが、家康は昌幸に小県・吾妻・沼田の本領安堵に加え、上州箕輪、さらには信州諏方郡も与えるという破格の条件を出していた。それが昌幸の心を動かしたのであろう。

もちろん、それらは今は徳川の領地ではなく、昌幸の協力を得るための空手形的なものではあったが、少なくとも家康は北条氏とは違い、昌幸による小県・吾妻・沼田という滋野領国の支配は認めてくれたのである。

その家康も上杉・北条に挟まれて苦しい戦いを強いられていた。そのため、上杉・北条両氏の中間に領地をもつ真田氏を味方にすることは重要だった。そうした内情が家康をして昌幸に破格の条件を出さしめたのである。

家康は信濃（長野県）佐久・小県、さらには甲斐（山梨県）をめぐり北条氏と一歩も退かない戦いを展開しており、互いはそれぞれの地域に領地をもつ領主たちの獲得にしのぎを削っていた。真田氏の獲得もその中の一つであった。

昌幸が離反したことを知った北条氏はこれに怒り、当然のように今度は本気で沼田城を攻略するため、沼田城の支城を攻めてきた。しかし、真田方は結束して何とかこれを退けた。

だが、真田氏が徳川氏に臣従した一ヶ月後、徳川氏と北条氏は突然和睦し、休戦協定を結ぶことになった。それは、織田信長の実子である信雄《のぶかつ》と信孝が調停に入り、両者を和睦させる動きに出たからである。

このころ、畿内では織田信長の後継をめぐって羽柴秀吉（後の豊臣秀吉）と柴田勝家が対立していた。勝家は織田信長の実子である信孝を味方につけるとともに、家康を引き込んで、秀吉への強力な包囲網を築こうとしていた。そのためには、徳川・北条氏の和議を斡旋《あっせん》し、家康の足かせを取り除き家康を自由にする必要があった。

しかし、北条氏はこの和議に際して、甲斐の都留郡・信濃の佐久郡を家康に渡すという大幅な譲歩をする代償として、上州沼田城を返却するよう要求してきた。

沼田はもちろんこの時点で昌幸が押さえており、真田氏にとっては重要な領地であることは家康も認識していた。したがって、家康がこの条件をのめば、せっかく臣従してきた真田氏を再び離反させることになりかねない。家康にとっては難しい選択を迫られることになった。しかし、家康としては、とりあえずはここで時間稼ぎをしておく必要があった。

また、北条氏も家康がたやすくこの条件をのむとは思っていなかったのであろう。両者はとりあえず表面上は和議を結び互いに甲斐から兵を引いた。

だが、一方の真田昌幸は、そんな和議の条件など無視するように小県での本領拡大に動いていた。

そんな昌幸に家康は佐久・小県平定のために兵を出すことを伝えてきた。天正十一年(一五八三)三月のことである。それは当然、そこから北条・上杉勢力を駆逐するとの家康の意思に他ならなかった。北条氏との和議などどこ吹く風という素振りであった。

しかし、そのころ、畿内では大きな動きが起きていた。同じ天正十一年(一五八三)四月秀吉は近江(滋賀県)賤ヶ岳の合戦で柴田勝家を破り、信長の後継者としてその足場を着々と固めるべく、他を圧する動きに出ようとしていた。

それに対して、この秀吉の専横に反発した織田信雄はそれに対抗するため、実力者である徳川家康を反秀吉陣営の中心に据える動きに出たのである。

小牧・長久手の戦い

そのころ、家康の娘督姫と北条氏政の子氏直との婚姻が整い、徳川・北条同盟はいっそう固い絆となった。そんな家康のもとに織田信雄が訪れ、秀吉に対抗して共に兵を挙げるよう要請した。

家康は本能寺の変、さらには山崎の合戦で秀吉に完全に主導権を握られ、信長の後継者争いでは大きく出遅れることになった。そのため、これまではそれをじっと傍観し、武田の旧領国を自領にすることに専念してきたが、今や秀吉の力は肥大する一方であった。

このまま何もしなければ、その力の差はますます開くばかりであり、やがて秀吉は家康自身の強大な敵になることは間違いなかった。だが、ここで織田信長の実子信雄を得たことにより、秀吉と対決する大義名分が出来た。そこで家康は立ち上がったのである。

家康は戦いにのぞんで四国の長宗我部元親、越中(富山県)の佐々成政、鉄砲集団である紀州根来・雑賀《さいか》衆、さらには一向一揆をも引き込んで秀吉包囲網を作り、一方の秀吉も、上杉景勝、加賀(石川県)の前田利家、丹羽長秀、淡路島の仙石《せんごく》秀久などを糾合して家康包囲網を作った。そして、両者はそれぞれ、尾張（愛知県）の小牧山古城と犬山城に入りにらみあったのである。

これが天正十二年（一五八四）三月から始まった「小牧・長久手の合戦」である。この合戦は十二月に両者が講和するまで八ヶ月間繰り広げられたが、そのほとんどは睨み合いで、両者が力でぶつかることはなかった。

だが、そんな状況の中、両者の間では一度だけ戦局が動き、そのときの局地戦で秀吉軍は家康軍に敗れるという失態を演じた。

結局、この合戦は秀吉が家康の裏をかいて、合戦開始から八ヶ月後の十一月に信雄と単独講和を結び、家康を孤立させることに成功し、政治的には勝利をおさめたものの、実戦で家康に負けるという、秀吉にとって大きな汚点を残すものとなってしまった。

家康を拒否した昌幸

そんな中、徳川家康は小牧・長久手の戦いで秀吉と対立するに及び、北条との同盟関係の強化の必要性を痛感し、昌幸の上野での領地、特に沼田城を北条に渡すよう迫ってきた。

徳川方の史料『三河物語』によれば、昌幸は「沼田は家康様からいただいたものではなく、自分たちの力で取った領地です。これまで、家康様には十分忠節を尽くしたのに、新たに恩賞を与えられるというならともかく、その沙汰《さた》もなく、かえって私から沼田を取り上げるなどとんでもありません」と言い、その申し出をきっぱり断ったという。

沼田城跡

昌幸にしてみれば、そもそも、家康は当初から沼田問題を昌幸に何の相談もなく和議の条件にしていたという経緯があった。昌幸はそれだけでも許せなかったが、今度は一方的にそれを差し出せと要求してきたわけで、どう考えても筋の通る話ではなかった。昌幸は、家康が小県から沼田に及ぶ真田の領地を安堵するというから、これまで家康に臣従してきたのである。

真田家にとって沼田は古くに滋野一族が小県から移り住んだ由緒ある地であり、滋野領国を完全防衛するためにはどうしても必要な軍事上の要地であった。その意味で、滋野一族の頂点に立つ海野家を称する真田家にとって、そこは誰にも渡すことのできない重要な場所であった。

家康は、このとき、真田家の底流に流れる海野氏継承への強烈な思いを理解してはいなかった。家康にしてみればそんなものは北条氏との同盟に比べれば、どうでもよいことであったろう。

だが家康がこの問題を昌幸に相談もせず安易に解決しようとしたことで、昌幸にしてみれば、父幸隆以来の真田家の誇りを踏みにじられた思いをしたに違いない。家康はまさにこの問題で真田の叛骨精神に大きな火をつけたのであった。

上杉景勝のもとへ

昌幸は家康に完全に見切りをつけた。そして今度は上杉景勝に属して家康、北条氏と戦うことを決めたのである。天正十三年（一五八五）七月のことである。

『上田市誌』によれば、昌幸は家康が秀吉との戦いに明け暮れようとしていた天正十二年（一五八四）の初めから上杉氏に「近く徳川と手切れになるつもりである。そのときは上杉殿の援助をたまわりたい」と打診している。

つまり、昌幸は一年前から上杉氏と接触していたことになる。この事実は家康と北条氏が和議を結んだときから、昌幸はいずれ沼田が争点になることを見通し、離反の時期をうかがっていたことを意味している。

当時、信濃では小笠原貞慶《さだよし》が上杉方の城である筑摩郡麻績《おみ》城・青柳城を執拗《しつよう》に攻めていた。これは秀吉方となった景勝を家康が背後で牽制《けんせい》したものであった。

また、海津城の屋代秀正も家康の働きかけにより景勝から離反し、徳川のもとに奔《はし》った。そのため、景勝自身信濃に出馬し、信濃の他の武将への動揺が広がるのを抑えねばならなかった。

景勝は再び麻績城を攻めてきた小笠原と戦ってこれを破り、家康の手から北信濃を何とか守ったが、このように、秀吉と家康との戦いは信濃の動きとも連動していたのであった。秀吉はこの間、常陸の佐竹義重に家康の背後を牽制させるとともに、景勝に人質を差し出すよう迫っていた。秀吉は、北陸の兵を尾張に集めさらなる有利な体制を作ろうとしていたが、それにあたって景勝との同盟をより確かなものにする必要があったのである。

この事態に、景勝は甥となる上条宜順《じょうじょうぎじゅん》の子を秀吉に人質として送り、家康ではなく秀吉と結ぶ意思をはっきりと固めた。景勝は家臣本庄繁長への書状の中で「天下の安危を景勝が決めることを頼まれたので家康と手を切り、秀吉と結ぶことにした」と述べている（六月二十七日付本庄繁長宛書状）。そこでは、上杉は家康をはっきり敵と認識している。

そんな中、真田が家康と手切れをして上杉につくというのである。上杉がこれを歓迎しないわけはない。

信繁、上杉の人質となる

昌幸は上杉氏に臣従するにあたって、二男の信繁と叔父で沼田城代の矢沢頼綱の嫡男三十郎を人質として上杉氏に送ることを約した。このとき、信繁は十六歳とも十九歳ともいわれており、まだ「弁丸」と名乗っていた。

上杉家臣で北信濃海津城を守っていた須田満親の書状にも「今度御証人として御幼若の方越し申し、痛み入り存じ候」とあることから、このときまでに信繁は元服していなかったことは事実であろう。

その意味で、信繁はこれまで実戦経験などはなく、その器量は未知数であったといえる。

景勝は昌幸に「敵が行動を起こした場合は上田、沼田へも後詰めをする。沼田・吾妻・小県の知行は相違なく認める。坂木庄内の知行も同様とする」などの起請文を与え、小県から沼田までの真田の本領を即座に安堵し、それにかつての村上氏の本拠地であった埴科郡坂木を加え、さらにこのとき上杉に属していた小県滋野一族の禰津氏を昌幸の配下につけてやった。

昌幸はこの一年前に同じ小県の室賀氏を滅亡させていることから、これで小県の中で昌幸に抵抗する大きな勢力はまったくなくなったことになる。昌幸は景勝によって滋野氏発祥の地小県の完全支配を事実上実現できることになったのであった。

さて、当の信繁はというと、『真武内伝』に「越州春日山へ相詰めらる」とあることから、いったん須田満親の海津城に入ってから、その後、上杉の居城春日山城へ移されたものと思われる。春日山城では、当然、当主の上杉景勝、上杉家の宰相の直江兼続に面謁したことだろう。

春日山城に留められた信繁

『真武内伝』によれば、景勝はこのとき、信繁に屋代の遺領の内、千貫を与えたという。そこでは、景勝は信繁を単なる人質としてではなく、家臣として遇したことになる。景勝はこのとき信繁の中に非凡な将としての器を見たのであろうか。

ただし、扶持をもらえばそれに見合う軍役を提供しなければならない。そこで、矢沢三十郎が信繁の代わりに上田勢百騎を率いて春日山に出仕し、軍役を勤めたという(『真武内伝』）。

景勝が三十郎の父矢沢頼綱に宛てた書状に「子の三十郎参陣、別して走り廻り候条、感悦候」とあることから、三十郎らは景勝の寄騎として、景勝に従軍して活躍したことが分かる。ここでは、信繁自身は戦場に赴くことはなく、人質として春日山に留められたことが推察される。

また、このとき、昌幸が上杉に臣従したのは、上杉の背後にいる秀吉という強力な後ろ盾の存在を見通していたからでもあろう。

秀吉はこの二年前の天正十一年（一五八三）ごろから、柴田勝家やその配下の佐々成政を牽制する必要から景勝との連携を深めていたが、柴田勝家を滅ぼし、信長の後継者としての道を歩み始めると景勝は秀吉に人質を出し、臣従関係をも結ぶようになっていた。

家康と決別し、敵に回すことになった昌幸にとってこの後ろ盾は大きな存在感をもっていたに違いない。

また、一方の上杉も真田を信濃における対徳川への先兵とし、その居城である小県上田城を家康の北進を喰いとめる防波堤とする目論見であったことだろう。

上杉の最前線となった上田城

昌幸がその上田築城に着手したのは天正十一年(一五八三)のことであるから、その時点では、まだ、家康に属していたことになる。

それまで、昌幸は戸石城を居城にしていたことが分かっている。戸石城は現在の真田町全体を見下ろす位置にあり、真田郷防衛の色彩が強い山城であった。それに対して、上田城は上田盆地のほぼ中央にある台地に築かれていることから、これは、真田郷のみではなく小県一円を支配する一大拠点を築くことを意識しての築城であったといえる。昌幸が上田に城を築くことを決めたのは、そこが海野氏が古くから支配してきたゆかりの地であったため、さらにはその海野氏嫡流を名乗る真田家による小県完全領有への意思の表れであったといえる。

だが、一方、小県は信濃における徳川と上杉の領地の境目にあることから、そこに築かれている上田城は両者にとってはどうしても確保しなければならない城であったことはいうまでもない。

そのことを示すように、天正十一年(一五八三)四月の上杉景勝の書状には「真田氏が海士淵《あまがふち》に城を築いているようである」とあり、景勝はその書状でその海士淵の城、つま

真田本城から見た戸石城

り上田城の築城工事の妨害を指示している。

この事実から、上田城は北信濃を領有する上杉氏への徳川方の最前線の基地であったことが分かる。そのため、上杉氏としてはその工事を何としても妨害する必要があったのである。このことから、上田城築城は家康の意を汲んでの築城であった可能性が高い。

『真武内伝』には、家康が上田城を築城するにあたって昌幸に「近辺の城主たちに人夫たちの援助を遠慮なく言うように」言ったとあり、家康が上田城の築城を重視していたことが分かる。

しかし、今度は昌幸が上杉氏に臣従したことにより、上田城は上杉氏の対家康への前線基地へと一八〇度変わってしまった。

家康にしてみれば、上田城がある限り小県はもちろん、その先にある北信濃には兵をまったく進められなくなる。まさに最も目障りな城となったのである。このため、上田城は家康からの攻撃を受けることが十分予想された。

また、北条氏との同盟の最大の条件であった沼田の返還が、昌幸の寝返りのために頓《とん》挫《ざ》してしまった責任上からも、家康は昌幸を許しておくわけにはいかなかった。このため、大久保忠世、鳥居元忠ら家康の重臣たちが佐久郡に陣を布いて、上田城攻撃の機をうかがっていた。

未完成の上田城

しかし、上田城はこのときまだ完成してはおらず、昌幸は景勝に協力を要請して上田城の普請を急ぎながら、敵を迎え撃つ準備をしなければならなかった。

だが、このとき、景勝は越中出陣に際して信濃の軍勢も動員しており、真田への十分な援軍を送ることは事実上不可能であった。

それでも、景勝は海津城の須田満親に命じて、川中島周辺の武将嶋津忠直、栗田永寿、さらには越後の山本寺《さんぼんじ》、本庄、山浦氏らを応援に遣わし、上田城の普請を手伝わせると同時に家康の軍に備えさせた。

このとき須田満親が直江兼続に送った書状に「(上田城の)御普請を抜かりなく進めています」とあることから、彼らが普請の援助をしていたことは確かである。

ここで須田満親が「御普請」とわざわざ「御」をつけていることが、この城のもつ意味をよく表している。それは上田が単なる真田の居城という枠を超え、対徳川の上杉方の最前線であると位置付けられているということである。

そのため、家康としてはこの城の完成を何としても阻止しなければならなかった。それが徳川軍による上田城攻め、いわゆる第一次上田城合戦となっていったのである。

その意味で、この第一次上田城合戦は、真田昌幸対徳川家康との戦いというよりは、徳川対上杉の合戦とみるべきであろう。

家康は天正十三年(一五八五)八月、完成間近の上田城に七千人の兵を差し向け、総攻撃を開始した。

上田城合戦

『三河物語』によれば、城攻めは鳥居元忠、大久保忠世、平岩親吉という並み居る徳川家の重臣たちを中心に、それに諏方、保科、依田、屋代、小笠原といった信濃で新たに徳川についた武将たちが加わるという、精鋭の部隊編成であった。

『加沢記』によれば、これに対して迎え撃つ昌幸方は上杉からの援軍も含めて「二千余騎」、徳川方の三分の一以下であった。

『加沢記』によると、昌幸は上田城の二里四方の三千余人の農民たちを城に籠城させ、その中の女子供には石を投げさせて敵を攻撃させたという。

石を投げるなどそんな原始的な戦いをしたのかと思われる方がいるかもしれないが、石つぶては当たれば確実に敵を負傷させることができる、当時の強力な武器である。しかも、女子供でも誰でも手にすることができるという利点をもっている。

上田城

事実、慶長五年（一六〇〇）九月に直江兼続と最上義光の間で行われた長谷堂城をめぐる合戦、いわゆる長谷堂合戦でも、長谷堂城に籠った領民が使用したつぶてが今も残っている。

また、大坂の陣でも女子供が大坂城から石つぶてを徳川軍に向かって投げたようである。

『参河徳川歴代』によれば、昌幸は郷民三千人に紙の旗をもたせ、それに弓鉄砲を加えて、上田城周辺

真田幸隆(幸綱)**所用法螺貝**(真田宝物館蔵)

の四方の谷や峰にあらかじめ潜ませておき、上田城に徳川軍が十分近づいたのを見て、法螺《ほら》を吹き、鐘を鳴らし、その合図で一斉に蜂起させたという。

さらに、『三河物語』によると、上田城は四百人ばかりで本丸を守り、昌幸の長男信之は八百あまりを率いて城外に出て布陣し、城の前の道路には「千鳥掛け」という曲がりくねった柵を並べて道を塞ぎ、それとは別に農民に紙の旗や鳥を打つ銃をもたせて山野に潜ませ伏兵としたという。

また、信之は徳川軍の進軍を防ぐためとみせかけ、神川まで出陣して徳川軍と一戦を交え、わざと徳川軍に追撃させ、城近くまでおびき寄せたともいう。

このとき、徳川軍は城の大手を破って二の丸まで攻め込んだ。しかし、深い堀に阻まれそれから先に進むことができない。それでも徳川軍は無理やり門を打ち破り、さらに城内に入ろうとしたが、その様子をじっとみていた昌幸は、敵を十分引きつけたと見るや、城内にかねてから用意してあった大木の綱を切って門に押し寄せた兵士たちの上に落とした。

突然頭上から大木が降ってきて意表を衝かれた徳川軍の兵士たちは押しつぶされたり逃げ回ったりし、そこでは多くの死傷者が出た。そして、それを見た上田城の城兵たちは動揺する徳川軍目掛けて今度は城内の櫓《やぐら》から一斉に鉄砲、弓矢を撃ち掛けたのである。

徳川軍はたまらずわれ先にと逃げ出した。そこで城門を開いて真田軍が逃げる徳川軍を追撃にかかった。さらには、よもや誰もいまいと思われた四方の森や谷から農民たちが「ウオー」と鬨《とき》の声を上げ、鉄砲を撃ち、弓矢を放って蜂起し、身を潜めていた信之の兵たちも徳川軍の横から襲ってきた。

真田幸隆(幸綱)所用陣鐘
(真田宝物館蔵)

徳川軍は思わぬ伏兵の出

現にびっくりし、紙の旗を見て上杉の援軍、それも大軍が到着したと錯覚してしまった。いったん恐怖にかられた兵たちはもう止められない。彼らは、パニックになり本能的に逃げ出していった。

損害を出した徳川軍

『三河物語』によれば、徳川軍は混乱に陥り、あわてて退却しようとしたが、曲がりくねった柵に阻まれ、自由に身動きが取れない。そこを、追ってきた真田軍に討ち取られる。さらには、農民軍にも襲われ、ようやく逃げていったものの、今度は折からの雨で増水していた神川が前に立ちふさがっていた。

それでも、川を渡って逃げようとしたが、今度は溺れて溺死する者が後を絶たなかったという。

昌幸の長男信之が当時沼田城を守っていた恩田伊賀守に宛てた書状には、「去る二日国分寺において一戦を遂げ、千三百余討ち取り、備え存分に任せ候」とあり、『三河物語』も「(徳川軍は)ことごとく敗れて、四、五町の内に三百余が討たれる」としている。

ただ、この合戦には信繁自身は参加してはいなかったようである。上杉としては、合

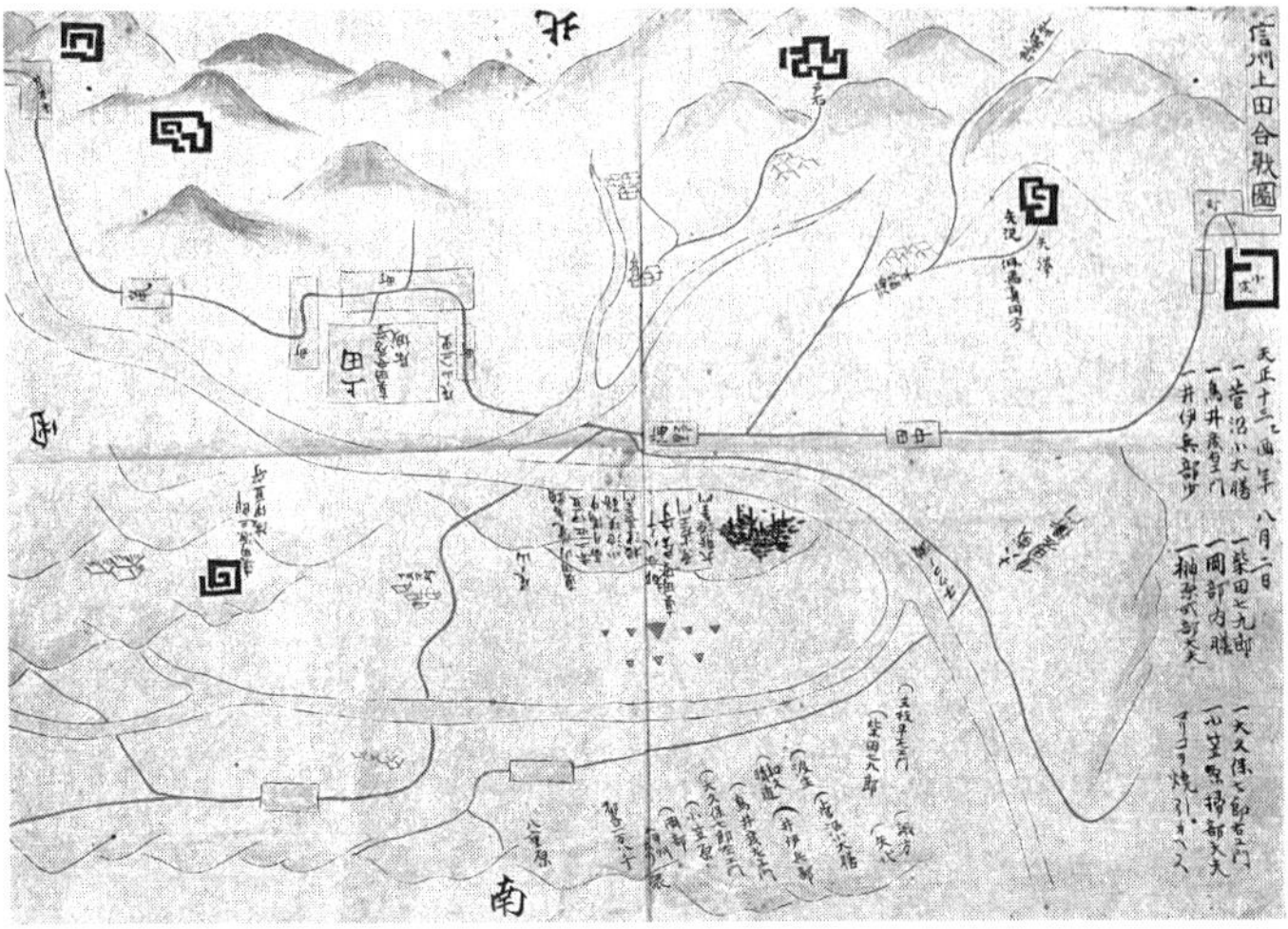

神川合戦図（上田市立博物館蔵）

戦の結果いかんでは、真田が再び徳川に寝返る可能性も考えねばならない。信繁はそんな真田家からの人質として、万一のことを考えて春日山城の上杉のもとに留めおかれたのは当然であったろう。

しかし、徳川軍はこの合戦で壊滅的な打撃を受けたわけではなかった。事実、この合戦の二十日後、徳川軍は今度は上田城から南東約七キロにある、真田方の城、丸子城を攻めている。これに対して、昌幸も海野郷まで兵を進めそれを阻止した。だが、それでも徳川軍は撤退することなく佐久郡内に兵を留めて、上田城をうかがっていた。家康は井伊直政、松平康重らの重臣にさらに五千の兵を預けて援軍に向かわせたという。

家康は、同盟者北条氏の手前、見せしめとするためにも、さらには真田ごとき小勢力に完敗したとあっては今後の士気にも大きな影響を与えてしまうことから、意地でも上田城を落とし、真田を血祭りに上げなければならないとの思いがあったのだろう。

それだけに、今度は徳川軍はさらなる大軍で総力をあげて上田城を攻めてくる恐れがあった。

突然兵を退いた徳川軍

しかし、ここで不可解なことに、徳川軍が突然信濃から全軍撤退してしまうという信じられない事態が起きた。天正十三年(一五八五)十一月のことであった。

この徳川軍の不可解な動きに、昌幸は上杉景勝の宰相直江兼続に宛てた書状の中で「徳川勢がどんな相談をして浜松に引き上げたのかまったく分かりません」と不安を募らせている。

その答えは徳川軍の撤退とほぼ時を同じくして昌幸に寄せられた秀吉からの書状の中にあった。強大な徳川軍と争うことになった昌幸は上杉氏に頼りながらも、一方でその背後にいる秀吉とも連絡を取っていたが、その返事が寄せられたのであった。

その書状の中で秀吉は、家康の重臣石川数正が、留守を預かっていた岡崎城から、家族や岡崎にいた小笠原貞慶の人質を連れて突然出奔し、秀吉のもとに身を寄せたことを昌幸に告げている。家族を連れていったという事実はそれが用意周到な覚悟の出奔だったことを示している。

石川数正は家康がまだ小さな時分から徳川家に仕えてきた重臣中の重臣であった。その石川数正が突然秀吉のもとに奔ったのである。これにより、家康のあらゆる情報が秀吉に筒抜けになったことはいうまでもない。徳川家には衝撃と動揺が走ったことであろう。もう、真田攻めどころではなかった。そのため、家康は全軍を撤退させ、自らのもとに集めたのであった。

さらに、この石川数正の出奔に前後して信州松本城（長野県松本市）の小笠原貞慶や遠江刈谷城（愛知県刈谷市）の水野忠重も家康から秀吉に寝返っていた。秀吉は家康の家臣団内部にまで調略の手を伸ばし、その足元を攪乱していたのである。

この徳川軍の突然の撤退で、上田城の昌幸は予定されていた徳川軍による二度目の総攻撃から辛くも脱することができた。昌幸は秀吉のお陰で大きな命拾いをすることになったのであった。

秀吉へ

また、秀吉は昌幸に宛てた書状の中で「今は年末であるので、来年の正月には家康を成敗する」と強気の発言をしている。

しかし、この後、秀吉の対家康政策はめまぐるしく変わっていった。秀吉は先の書状では昌幸に家康を討つといきまいていたが、その後、再び昌幸に書状を出し、「家康との争いはけしからん。今度ばかりは許すから、すぐに上京せよ」と言い出したのである。そこで、昌幸は年末に長男信幸、二男信繁を連れて秀吉のいる大坂城に行き、そこではじめて秀吉に会い、臣下の礼を取った。

この秀吉の突然の態度の変化は、このとき秀吉がやっと家康との講和にこぎつけようというところまできていたことによる。

それから幾日も経たない翌天正十四年(一五八六)正月、かねてから家康に正室がいないことに目をつけていた秀吉は、実妹の朝日姫を離婚させて、家康の正室にすることを決めた。無理やり家康との間に姻戚関係を作ろうとしたのである。

このとき、朝日姫は四十四歳であったというから、当時としては大変な高年齢であった。しかも、それまで平穏無事な夫婦生活を送っていた朝日姫は、秀吉の政治的野心のもとに泣く泣く離婚までさせられたのである。そして、家康がそれを承諾したことにより講和の道が大きく広がろうとしていたのである。

ただ、秀吉はそれまでに家康と結んで秀吉に対抗した紀州根来雑賀衆、四国の長宗我部氏、越中の佐々成政を攻めてすべて屈服させ、家康を孤立させていた。そしてその上で最後の仕上げとして妹を娶《めと》らせようとしたのであった。家康がそれを承諾した背景には、このように軍事的に孤立した立場に追い込まれたという点もあったことは見逃せない。

秀吉が昌幸に伝えた家康への態度の突然の変貌には、このような背景があった。秀吉はこのとき家康を必要以上に刺激したくなかったのである。

秀吉は五月には朝日姫を正式に家康と結婚させた。朝日姫を突然送りつけられた家康は本心では迷惑したに違いない。だが、それでも、家康はまだ秀吉に屈服しようとはしなかった。

中止された真田征伐

しかし、昌幸は家康が秀吉への対応に追われている間に、今度は家康の領地になっていた佐久郡を侵略するため兵を進めた。

秀吉はやっと実妹の朝日姫を家康に輿入《こしい》れさせることに成功した。ここで家康が上洛してくれれば、秀吉のこれまでの苦労は報われるばかりであった。

ところがそんな矢先、真田昌幸が家康の隙に乗じて家康の領地信州佐久郡を攻めたのである。怒った家康は真田を攻めるため甲府まで兵を出した。

秀吉にしてみればもう少しでまとまりかけた家康の臣従を真田に妨害され、怒り心頭に達したというところであろう。

秀吉は八月三日上杉景勝に書状を送り、「真田は表裏比興《ひきょう》の者であるから、成敗を加えられるべきである。お前は今度は真田を援助してはいけない」と景勝に釘をさした。

また、それから六日後の八月九日家康の家臣水野惣兵衛に宛てた返書の中で秀吉は「真田の成敗は当然で、たとえ家康の上洛が遅くなっても構わないので、家康自身が動いて真田の首をはねることが大切だ」とまで言っている。確かにこれでは景勝も真田をかばいようがなかったろう。

だが、当の秀吉はその裏で、本来家康を臣従させてから行うはずの関東北条攻めを視野に入れた計画を練っていた。

それは、家康が真田征伐を理由に上洛を断ってきたからである。つまり、家康はこの事件を利用して秀吉への臣従をわざと先延ばしにしたといってもよい。

このままではいつまで待っても家康の上洛は実現しそうにはなく、秀吉がやろうとしている関東・奥羽の平定は遠のくばかりであった。そこで、秀吉は表では家康の真田征伐を支持しながらも、裏では関東出陣を計画したのである。

だが、家康はなぜか甲府からそれ以上進軍しなかった。そればかりか、家康は八月二十日に兵を退いて居城のある浜松に戻ってしまった。明らかに、真田征伐を取りやめたのである。

もちろん、家康の気が変わったわけではない。

考えられることは一つ、秀吉がそれを止めさせたということである。秀吉は、やはり家康抜きの東国出陣がどうしても不安だったのであろう。この問題を解決するには、家康を何としても上洛させねばならない。秀吉は、いったんは家康の真田攻めを認めながらも、真田に手こずって家康の上洛が遅れることを何より恐れたのではなかろうか。

また、家康が再びそれを口実に上洛の延期を要求してこないとも限らない。そのため、秀吉は家康に真田攻めを中止するよう働きか

豊臣秀吉像（神戸市立博物館蔵）

けたのであろう。また、そこには景勝が真田を赦免するよう秀吉に訴えたという事情もあった。つまり、そこでは秀吉は上杉景勝の顔を立てたことにもなる。

さらにこの後、秀吉は最後の手段として家康のもとに実母大政所を人質として送ったが、これが功を奏し、家康が重い腰をあげて上洛することを表明した。

このため、秀吉の関東攻めは再び延期となり、真田の征伐もなくなってしまった。そこで秀吉は前言を翻し、家康の顔を立て、真田は家康の配下の武将とすることで赦免することになった。

再び家康へ

秀吉は九月二十五日に上杉景勝に宛てた書状の中で「真田は表裏者であるから、家康が成敗すると言っているが、今回は取りやめにする」と言い、秀吉の側近の石田三成らが景勝に宛てた書状の中でも「真田は表裏者で、秀吉様は御成敗を仰せ付けられたが、この度は、御遠慮を加えられた」と伝えている。

だが、これより半年ばかり前になるが、家康は秀吉との講和がほぼ決まった三月に同盟者の北条氏政とそれぞれの領地境である沼津と三島（共に現在の静岡県）で二日間にわたって会見をしている。徳川・北条トップ会談が開かれたのである。

ここで何が話されたのかは定かではないが、おそらく、秀吉と講和に至った経緯や講和後の同盟のあり方などについて話し合われたことだろう。北条氏政は家康が秀吉と大きく接近したことへの大きな不信感と、自らが孤立することへの危機感を抱いていたに違いない。そこで両者はそれを払拭するためにも直接会って話す必要性を感じていたのである。

家康はその北条氏との同盟関係を維持したまま秀吉と講和した。そんな家康は秀吉にとって不気味な存在に思えたことだろう。

機が熟したとみた家康は、秀吉の招きに重い腰を上げて、京都で秀吉と会見し、秀吉への臣従を誓った。天正十四年(一五八六)十月のことであった。

しかし、秀吉は家康が臣従した以上、昌幸と家康とを対立させるわけにはいかなかった。そこで今度は昌幸を家康の配下に付かせるために動き出した。

秀吉は家康が臣従した一ヶ月後の十一月に上杉景勝に「真田は不届き者で成敗すべきであるが、お前が取り成したので成敗をやめているのである。そのことをよく真田に言い聞かせて、家康のところに出仕させるよう」と述べている。家康は臣従するにあたって真田氏の帰属を秀吉に訴えたのであろう。

秀吉は翌年天正十五年（一五八七）正月、上杉景勝に昌幸を再び上洛させるように命じ、それに従って昌幸は三月家康の新たな居城駿府城（静岡県静岡市）に出仕し、家康に臣下の礼を取った。

これについて家康の家臣松平家忠が日記に「真田昌幸が関白様のご意見にて出仕」と記していることから、昌幸はあくまでも秀吉の意向で家康へ出仕したことが分かる。

沼田事件以来、家康に再三再四反抗を繰り返した昌幸であったが、家康はその昌幸を秀吉の力を借りてやっと臣従させることができたのであった。

第四章　豊臣政権と信繁

上洛を拒む北条氏

この家康への出仕にあたって、昌幸の嫡男信幸が家康の養女（本多忠勝の娘）を娶ることになった。ここに信幸と徳川家は強い絆で結ばれることになった。

秀吉は家康を臣従させることに成功し、これで関東・奥羽攻めの舞台はすべて整った。だが、その家康の同盟者である北条氏はいまだに秀吉に臣従する姿勢を見せなかった。

秀吉は京都における関白秀吉の公邸である聚楽第《じゅらくてい》が完成し、天皇の行幸を仰ぐ時期を大名たちの臣従の一つのターニングポイントと見ていたことは間違いない。

聚楽第への天皇の行幸は秀吉にとって信長も為しえなかった天下人としての一大事業であり、それを全国の多くの大名たちが祝していた。

そこに北条氏が上洛するか祝いの使者でも送れば、秀吉の心証は随分と違ったものになったことだろう。だが、北条氏はそこでもまったく上洛の気配すら見せなかった。

秀吉がそんな北条氏に大きな不快感をもったのは当然であったろう。ただでさえ、秀吉は早くから関東攻めを計画しており、このままでは北条氏がその討伐の対象となるのは時間の問題であった。

そこで、同盟者である家康は聚楽第での天皇の行幸が終わってすぐの天正十六年

（一五八八）五月に北条氏政、氏直に上洛を強く要請した。

家康はそこで誰も上洛しない場合は北条家とは断交し、北条氏に嫁がせた娘を離縁して送り返していただくとまで言った。

この家康の言葉を伝えられた当主北条氏直は家康に「本年十二月までには氏政を上洛させる。また、その前に氏規を上洛させる」と約束してきた。

だが、それでも北条氏は上洛しなかった。

そこで家康は七月に再度上洛を促した。そして八月にやっと氏政の弟の氏規《うじのり》が徳川家の家臣榊原康政らと共に上洛し、聚楽第で秀吉との会見を果たすことになった。

沼田城を失った昌幸

氏規は前当主氏政（氏直の父。北条家中を実質的に取り仕切る）の上洛を果たすためには、現在真田領となっている上野沼田の問題の解決が必要だと秀吉に訴えた。北条氏としては自らの上洛を取引材料にして秀吉の力を借りて、沼田問題に決着をつける腹であった。

そんな中で沼田問題についての北条家の使者として重臣の板部岡江雪斎《いたべおかこうせつさい》が秀吉のもとを訪れ「沼田問題がここまで長引いたのは家康の協定違約である」と訴え、秀吉にその裁断を委ねた。

これに基づき秀吉はついに天正十七年(一五八九)七月、自ら沼田問題に裁断を下した。

秀吉が下した裁断の内容は「真田が上野(群馬県)に所有している領地の三分の二と沼田は北条に渡す。この代わりの土地については家康が真田に渡すように。残る三分の一の地は真田の先祖の墓のある名胡桃城と共に、相違なく真田が領有する」というものであった。

この秀吉の裁断で北条氏は念願の沼田城とその周辺の領地を手に入れることができた。そこで、天正十七年(一五八九)六月、秀吉は小田原城に使者を派遣して、氏政もしくは氏直の上洛を促した。それに対して北条氏は氏政を十二月上旬には上洛させると伝えた。

一方の真田は沼田城は失ったものの、滋野一族ゆかりの地、吾妻郡は何とか安堵される形になった。昌幸にとっては、何とかギリギリ滋野一族の墳墓の地は守ったというところであったろう。

だが、北条氏が上洛したのは天正十六年(一五八八)の八月だが、その三ヶ月前の五月に昌幸は重臣の矢島頼綱に沼田領の替地として小県郡内で所領を与えている。そのことから、昌幸は早くに沼田を手放すことを覚悟していたふしがある。

それは、まだ北条氏が秀吉に沼田問題の裁定を依頼する以前のことであることから、秀吉はその決着の方向性を早くから昌幸に伝えていた可能性がある。

名胡桃城の謎

それから、この秀吉の裁定で一つ気になることがある。それは、「真田の先祖の墓のある名胡桃城」という箇所である。

『真田藩政と吾妻郡』(山口武夫)では、名胡桃に真田の先祖の墳墓などはないとしているが、『上野国志』では名胡桃は昌幸の父幸隆が天文十年(一五四一)に北信濃の武将村上義清に小県真田郷を追われ上州に逃れたとき、身を寄せた地であったとされている。まさに、そこは真田家有縁の地であるということになろう。その意味から、秀吉は名胡桃城を真田に残すという裁定を下したものともいえる。

だが、実際に現地、名胡桃城や沼田城の跡を訪れてみると、そこに一つの大きな疑惑が浮かぶ。

それは、名胡桃城をわざわざ真田の領地としたところに、何か秀吉の政治的意図があるように思えてならないのである。

沼田城と名胡桃城は地図上では直線距離で四キロある。地図上で見ると、結構離れて

名胡桃城跡（みなかみ町提供）

いるようにも見え、互いの位置関係はよくは分からない。

　だが、実際に沼田城の跡を訪れ、その本丸の跡から利根川北の対岸を見てみると、何とそこからは名胡桃城の跡がよく見えるのである。今は建物など何もないため、城跡の丘陵しか見えないが、当時はそこに櫓や塀、さらには風になびく真田氏の旗「六連銭」がようく見えたに違いない。

　そのことから考えると、この名胡桃城の存在は北条氏に脅威を感じさせたに違いない。なぜなら、名胡桃城は沼田城よりも高台にあり、そこから沼田城の様子が四六時中監視されることになるからである。

　これは戦略上非常に不利な状況である。沼田城の安全を考えると、それを見下ろす名胡桃城は危険な存在で、二つの城はセットとして考えなければならないであろう。

　確かに、沼田城と名胡桃城との間には利根川が存在し、それを秀吉が真田と北条の領地の境としたことは一見合理的にも見える。

しかし、名胡桃城はもともと沼田城を攻めるために真田氏が取り立てた城であり、かつては沼田城を監視するのが目的であった。

そんな城が沼田城から利根川を挟む対岸にあったとしたら、北条氏としてはいつ真田に攻めてこられるか分からないという恐怖感に襲われたことだろう。

秀吉の陰謀

事実、北条氏はまだ上洛前の天正十六年(一五八八)五月七日の時点で家臣に名胡桃の地を与えて沼田城の奪還を目指し、さらには名胡桃城の近くに権現山城を取り立てて名胡桃城を監視している。

これはまさに、将来沼田城を取った場合、名胡桃城が危険な存在になることを北条氏がよく認識していたことを物語っている。

その意味で、秀吉が沼田城を本気で北条氏に渡す気があるなら、この名胡桃城を完全に破壊させるか、あるいは北条氏の城として沼田城に付けてやるべきであったろう。

それを「真田の先祖の墓のある名胡桃城」なので「相違なく真田が領有する」ようにとわざわざ条件にまで付け加えているのは不可解である。ここでは表面上は真田の都合だ

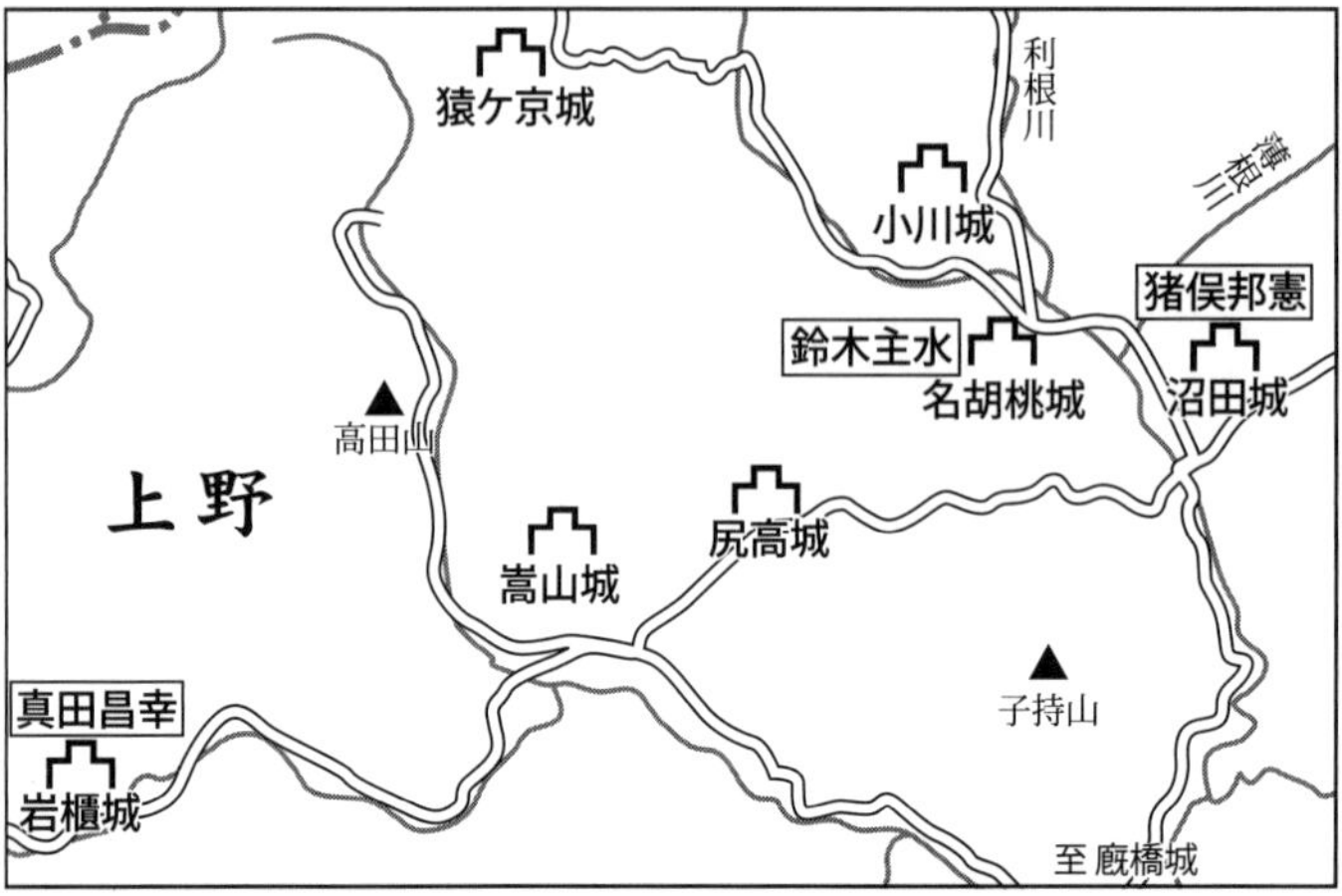

名胡桃城と沼田城の位置関係図

けが優先されて、名胡桃城の戦略的な意味などまったく無視されていることに気づく。

百戦錬磨の秀吉である。この名胡桃城の存在が沼田城にとってどんな戦略的価値をもっているかは十分に認識していたはずある。

秀吉は昌幸に北条氏を牽制し、その監視の役目を担わせるために名胡桃城をあえて真田の城とさせたのではなかろうか。

だが、当の北条氏にしてみれば、せっかく沼田城を手にしても、その対岸に真田の名胡桃城がある限り気は許せない。名胡桃城は戦略的に何とも目障りな城なのである。もし、秀吉がこのまま名胡桃城を真田の城とするなら自分たちで城を奪い取って、沼田城を安全にしたい。そう考えるのはある意味では当然であったろう。

しかし、そのすべてを計算の上で秀吉が北条氏にあえて沼田城だけを与えたとしたら……。この状況では、北条氏はまるで目の前にえさをぶらさげられ罠《わな》を仕掛けられたネズミ取りの中に入れられてしまったようなものである。

事実、このことについて、真田昌幸の一代記ともいうべき『長国寺殿御事績稿』は「名胡桃には真田氏の先祖の墓があるという言い伝えはない。これは太閤《たいこう》秀吉の謀《はかりごと》である」としている。

これは何よりも、真田氏自身がこれを秀吉の陰謀と認識していたということを示している。事実は秀吉と真田氏との間に政治的な駆け引きがあったのではなかろうか。

北条征伐を決めた秀吉

だが、北条氏はその沼田問題の背後にある秀吉の陰謀を見抜いていたのであろうか。

そして、事件は起こるべくして起こった。

沼田城の引き渡しから四ヶ月後の天正十七年(一五八九)十一月、その沼田城代猪俣邦憲の兵が突然名胡桃城を襲い陥落させて、城代の鈴木主水を討死させるという事件が起こったのである。

秀吉は「沼田城を渡し、知行のことも決めてやったのに、北条の今度の働きは道理に合わない。（中略）秀吉自身が出馬し、悪逆人の首を刎《は》ねる」と怒りをあらわにし、北条氏に来春を期して征伐すると通告した。

驚いたのは北条氏直である。氏直は「これは全く猪俣の仕業で北条氏の預かり知らぬこと」「名胡桃のことはゆめゆめ当方から乗っ取ったことなどない」と家康に泣きつき、秀吉への取り成しを依頼した。

だが、秀吉にこんな子どもだましの言い訳が通るわけなどなかった。

大体、真田の城を攻めるという重大事が沼田城代でしかない猪俣邦憲の一存などで簡単にできるわけはない。城攻めは猪俣の直属の上司である武蔵鉢形城主北条氏邦もしくは小田原の北条本家の指示があったとみるべきであろう。

秀吉はついに北条征伐を決めた。関東出陣が現実のものとなったのである。

しかし、北条攻めについて、下山治久氏は名胡桃城の一件がなくとも秀吉は北条征伐を行うことを九月ごろには決めており、十月十日には配下の諸大名に「来春、関東陣役のこと」を通告し、兵糧奉行を長束正家と決めていたことを指摘している（『小田原合戦』）。

これまでも見てきたように、秀吉は関東出陣を早くからほのめかしており、家康に気を使ってここまで北条征伐を延ばしてきたというのが本音であった。

これでやっと待ちに待った北条攻めができる。秀吉にとってはそんな思いであったろう。

北条征伐に参加した真田氏

こうして、秀吉は北条征伐を決め、真田も秀吉の命を受け出陣することになった。

翌天正十八年（一五九〇）一月、秀吉は昌幸に「二月二十日ごろ出馬するが、お前は援軍が到着するのを待って行動を起こすように」と前田利家からの援軍一万を待って一緒に行動するよう指示している。

この北条征伐軍は総勢二十万といわれる天下あげての大軍勢で、昌幸は三千の兵を率いて上杉景勝一万、前田利家一万の兵と共に北国口といわれる部署を担当した。

この戦に信繁が昌幸と同行したことは確かな記録にはないが、『滋野世紀』は信繁がこの戦いで手柄を上げたとしており、信繁の参加はあったと考えるのが自然であろう。

昌幸らは二月になって信濃から碓氷《うすい》峠越えで上州に入り、北条氏の重臣大道寺政繁の守る重要拠点松井田城（群馬県松井田町）を攻めた。しかし、城の守りは堅く、攻城は約二ヶ月に及び、四月二十日にやっと陥落した。

この間、秀吉は昌幸に「小田原城を二重三重に取り囲み、海の上には千艘の船を浮かべ」

と書状で北条氏の本城である小田原城を完全包囲したことを伝えている。

松井田城を落とし勢い付いた昌幸らは、今度は上州箕輪城（群馬県箕郷町）を四日間で落とし、さらに他の軍と合流し、北条家の当主氏政の弟氏邦の守る武蔵鉢形城（埼玉県寄居町）を攻め、六月十四日に落としている。

さらに、この連合軍は八王子（東京都八王子市）に進み、八王子城に総攻撃をかけた。秀吉は、武蔵鉢形城攻めで連合軍が味方の損害を避けて、城兵に降伏ばかりを勧めた措置に怒り、八王子城攻めでは総攻撃を命じたのである。

八王子城は北条家内での第一の実力者であった北条氏照の居城で、山城ではあったが、北条氏の城では珍しい石垣作りの城で周囲の山々に多くの支城をもつ大規模な城であり、北条家にとっては小田原城に次ぐ重要拠点でもあった。

秀吉はこの八王子城を力で落とすことが小田原本城の戦意の消失につながると考え、八王子城攻めには上杉・前田・真田連合軍に加えて小笠原貞慶の軍、降伏した大道寺氏などの元北条氏の軍勢なども加え、総勢五万もの大量の兵を投入した。

そのため、八王子城は六月二十三日、わずか一日の決戦で落城した。

北条氏滅亡

北条氏の作戦は箱根の山で豊臣軍を防ぎ、また、領地内関東の隅々に配置された百箇所以上もの自慢の堅城に豊臣軍をそれぞれ引きつけて分散し、そこを攻めあぐんでいるところを小田原本城の軍が背後から攻撃するというものであった。そのため、小田原城には二、三年分の兵器や食糧が運び込まれ、五万六千の兵が籠城していたという。

小田原城（小田原市提供）

それに加えて、北条氏は同盟者の奥羽の伊達氏が秀吉軍の背後をつくことや、さらには長期の戦での徳川氏の離反も計算に入れていたと思われる。

また、秀吉自身も北条攻めは一年か二年はかかると合戦の長期化を覚悟していたふしがある。

だが、総勢二十万の兵を結集した秀吉軍は北条氏の誇る箱根峠の難所に築かれた山中城をあっけなく一日で落とし、箱根の山を難なく越え、陸と海から小田原城を完璧に包囲することに成功した。

そのため、北条氏は小田原への籠城を余儀なくされ、どこにも援軍を出すことができなくなってしまった。そして、援軍の期待できなくなった北条氏の関東の自慢の堅城は秀吉軍の前に次々と落ちていったのであった。

そんな中、北条氏が最後の最後まで頼みにしていた奥羽の伊達政宗も小田原の秀吉のもとに参陣し、秀吉に屈してしまった。

伊達政宗は北条氏が名胡桃城を奪取した直後にも北条氏と連絡を取り、北関東の佐竹を挟撃するための出兵準備をしていたほどで、北条氏は伊達の応援を大きく期待していた。また、それだけに、秀吉としては北条攻めにあたって両者の連携を断ち切る必要があった。そのため、秀吉側近の前田利家や浅野長政らは秀吉への弁明をとりなすとの書状を政宗に頻繁に送っていた。

しかし、伊達家内部でも秀吉に対しては、伊達一族で伊達家の重鎮ともいうべき伊達成実《しげざね》らは秀吉との合戦を主張し、政宗の重臣片倉景綱は秀吉への恭順を唱えるなど意見は真っ二つに分かれていた。そして、政宗は最後の最後までそれらをまとめきれずにいた。このことが、小田原への遅参となっていたのである。

結局、政宗は恭順派である片倉景綱の意見に従い、打ち首覚悟で小田原に参陣し、秀吉の前に屈したのであった。

この伊達氏の降伏、さらには同盟者の家康が最後まで秀吉側につくなど、北条氏の度重なる見込み違いは小田原城の戦意を完全に消失させてしまった。そのことから、北条氏は家康の降伏勧告に従い、ついに秀吉に小田原城を明け渡し全面降伏をした。七月五日のことであった。

秀吉はこの事態を受け、北条氏の当主氏政、その弟で秀吉との戦に主戦論をとなえた八王子城主の氏照を切腹にし、同じ氏政の弟の氏直は家康の婿であることを考慮し一命を助けた。

海野本領を安堵された昌幸

この北条氏の征伐、伊達氏の降伏をもって、秀吉の天下統一事業はほぼ完成を迎えた。そこで秀吉は新たな大名の配置換えに着手し、北条氏の後の関東に家康を入れた。それにともなって、家康に臣従していた信濃の大名も家康と共に信濃から関東に移されることになった。

例えば、松本の小笠原氏は下総古河（茨城県古河市）に、諏方郡の諏方氏は上野総社（群馬県総社市)に、木曾郡の木曾氏は上総芦田(千葉県)にというぐあいに信濃の先祖伝来の土地を離れ、見知らぬ関東の地に移っていったのである。

しかし、その中にあって真田氏だけはただ一人領地替えをされなかった。それればかりか、真田氏は秀吉から先祖伝来の地、さらには海野氏発祥の地である小県を安堵され、吾妻郡、さらには沼田までそっくりそのまま与えられたのである。つまり、海野氏直系として、滋野一族の領国をそっくりそのままの形で所有することを認められたのである。

まさにそれは幸隆、昌幸の悲願であった海野領国の完全支配の形であった。家康と違い、秀吉は真田家の底流に流れる海野氏への誇りを理解し、真田の長年の夢を形の上で実現させてくれたのであった。

昌幸の感激はいかばかりであったろう。

この真田氏への優遇処置は、他でもない秀吉が家康に特別に取り計らって行ったものであった。

ここにおいて、真田氏は形の上では徳川氏の配下の大名であったが、その内実は秀吉の直臣扱いともいうべき存在となっていたことが分かる。秀吉は昌幸と様々に接する中でその力量を高く評価し、昌幸を自らの直臣にすべく働きかけていたのである。

信繁、大谷刑部の娘を娶る

これにともない、今度は昌幸の次男である信繁が秀吉の重臣大谷刑部《ぎょうぶ》吉継の娘と婚姻し、豊臣家と深い関係を結ぶことになった。

信繁の婚姻はこれが初めてではなく、『真田家系譜稿』によれば、信繁はそれ以前に真田家家臣であった「堀田佐兵衛」の養女を最初に妻に迎えていたが、その後何らかの理由で離縁していたようである（花ヶ前盛明編『大谷刑部のすべて』）。この妻との間には長女すえが生まれている。

ただ、大谷吉継は信繁とは四歳しか年が違わず、そこから換算するとその娘は妻といってもかなり年少であった可能性が高い。つまり、信繁の妻とするにはあまりにも幼いことになるのである。

そのことから、この婚姻の背景には強い政治性というか秀吉の思惑が見え隠れしてならない。秀吉は信繁を通して何とか真田家を豊臣家側に取り込みたいと考えていたのではなかろうか。それには自らとの絆が強い大谷吉継と姻戚関係を作るのが最も望ましい形である。

というのは、父、昌幸も秀吉の側近石田三成と姻戚関係にあり、これで信繁が大谷吉継と姻戚関係を結べば、石田・大谷という秀吉が最も信頼する家臣を通じて豊臣家と太い絆で結ばれるからである。

ただ、一説にはこのとき信繁の妻となった娘は、大谷吉継の実子ではなく養女であったとも言われており、その場合はそれほど年少でなかった可能性もある。

いずれにしても、真田家が大谷家と姻戚関係になることで、豊臣家と深い絆で結ばれることになったのは間違いない。

信繁とこの大谷吉継の娘との間には大助らが生まれ、また側室との子も入れると信繁には二男九女の子がいたという（57頁参照）。

また、信繁の義父となった大谷吉継自身、秀吉のもとで奉行をつとめるほどの実力者であったが、その母「東殿」も、秀吉の正室北政所のそばに仕え、「孝蔵主《こうぞうす》」と並んで北政所の大きな信任を受けており、北政所の使いや取り次ぎ、奏者をつとめるほどであった。そのことから、信繁は大谷家と婚姻を結ぶことによって、豊臣家との間に二重の太いパイプでつながったことになる。

あるいは、秀吉も、そして大谷吉継自身も信繁の武将としての器量を見抜いていたのかもしれない。こうして、信繁は豊臣家との関係を深め、豊臣家内において、重要な地位を占めることになっていったのである。

大名真田家

豊臣大名となった昌幸は上田城で小県の経営にあたり、沼田城を大きく改修し、嫡男信幸を沼田城主として吾妻郡、沼田を領国とした関東西上野の経営にあたらせた。

天正十九年（一五九一）、秀吉は朝鮮出兵を計画して肥前名護屋（佐賀県松浦郡鎮西町）にその前進基地となる城を築き、そこに国内の大名に命じて兵を集めさせた。

真田昌幸も秀吉から千二百の兵を名護屋に集結させるよう命じられ、名護屋に一年六ヶ月在陣したが、兵を朝鮮に送り出すことはなかった。

また、その一方で昌幸は秀吉に京都伏見城の普請も命じられ、木曽からの材木の運搬を行い、嫡男の信幸も伏見城「堀向い」の石垣工事を命じられている。

このことから、秀吉は真田家の昌幸、信之（信幸）をそれぞれ別々の独立した大名と見ていた事が分かる。

この真田氏の働きに対して秀吉は昌幸を諸大夫、信之を伊豆守、信繁を左衛門佐に任じ、その功に報いている。

第五章　関ヶ原合戦

家康動く

そんな中、真田を引き立て大名にまでしてくれた秀吉が、朝鮮出兵途上の慶長三年（一五九八）、京都伏見城で息を引き取った。享年六十二歳。まさに波乱万丈の天下人の死であった。

秀吉が死ぬと、直ちに天下の情勢は再び動き出した。

秀吉には秀頼という後継者はいたが、わずか六歳で、朝鮮出兵という国をあげての大事業を中止した後の天下の情勢を鎮めるだけの力などなかった。

そこで豊臣政権には、政権下において一番の実力者である徳川家康を中心として政務を行うか、秀頼が成人するまで秀吉が制度化した有力大名による五大老、五奉行制という合議で進んでいくかという二つの選択肢が必然的に生まれることになった。

前者を推し進めるのはいうまでもなく徳川家康自身であり、後者を目指すのは大老の前田利家、そして秀吉の側近で五奉行の中心人物である石田三成らであった。だが、その政治路線は互いにまったく相容れないものであったことはいうまでもない。そこで家康は猛然と自らが公儀の実権を握るべく動き出し、三成がそれを阻止するという構図が出来上がっていった。

家康は、最大の政敵であった秀吉の盟友で大老の前田利家が病気で倒れ死去すると、加藤清正、福島正則らの三成襲撃事件を利用して三成を奉行職から追い落とし、居城の佐和山(滋賀県彦根市)に蟄居させることに成功した。

そして秀頼のいる大坂城西の丸に入ると、前田、浅野という豊臣系有力大名を家康の暗殺を企てたという理由で恫喝《どうかつ》し自らに屈服させることにも成功している。

家康は豊臣家の本拠である大坂城に入り、秀頼を擁して事実上の政権運営を行おうと目論んでいた。

さらに、家康は、謀反を企てているという理由で会津百二十万石の上杉家の征伐を計画したが、上杉家は家康の恫喝に屈せず反抗の姿勢を見せた。

そこで家康は秀頼から軍資金黄金二万両と米二万石をもらい、上杉征伐を、秀頼の命に従って、大老の筆頭として行うという形にもっていったのである。

秀頼の命令という錦の御旗がある以上、諸大名はこれに参加せざるを得なくなる。逆にこれに参加しなければ、秀頼への謀反を疑われることになる。家康の政治力の勝利であった。

慶長五年(一六〇〇)六月八日、家康は上杉征伐のため、伏見を発ち、七月二日に江戸城に到着。二十一日に江戸城を出発し、会津に向かった。

真田昌幸の決断

しかし、家康は下総古河まで来ると、突然会津攻めの中止を諸将に言い渡した。そこに石田三成が挙兵したとの確かな情報が寄せられたからである。

三成は上杉家が家康に容易に屈服しないとみて、それを千載一遇のチャンスとして家康を東西で挟撃するため兵を挙げたのである。

三成らは、家康打倒の軍（西軍）の総帥に毛利輝元を据えることを決め、毛利は一万余の軍勢を率いて大坂城の家康の留守居佐野綱正を追い出して、大坂城西の丸に入った。

石田三成像
（杉山丕氏蔵・長浜城歴史博物館提供）

輝元は子の秀就と重臣たちをすぐに秀頼のそばに送り、秀頼を擁する形で家康打倒を目指したのである。

三成らは間髪を入れずに、上杉討伐に参加している諸大名に、七月十七日付けで三奉行の連署で家康の行為を非難する文書を送りつけた。まさに、宣戦布告であった。そこには、「内府公（家康）違いの条々」という十三条からな

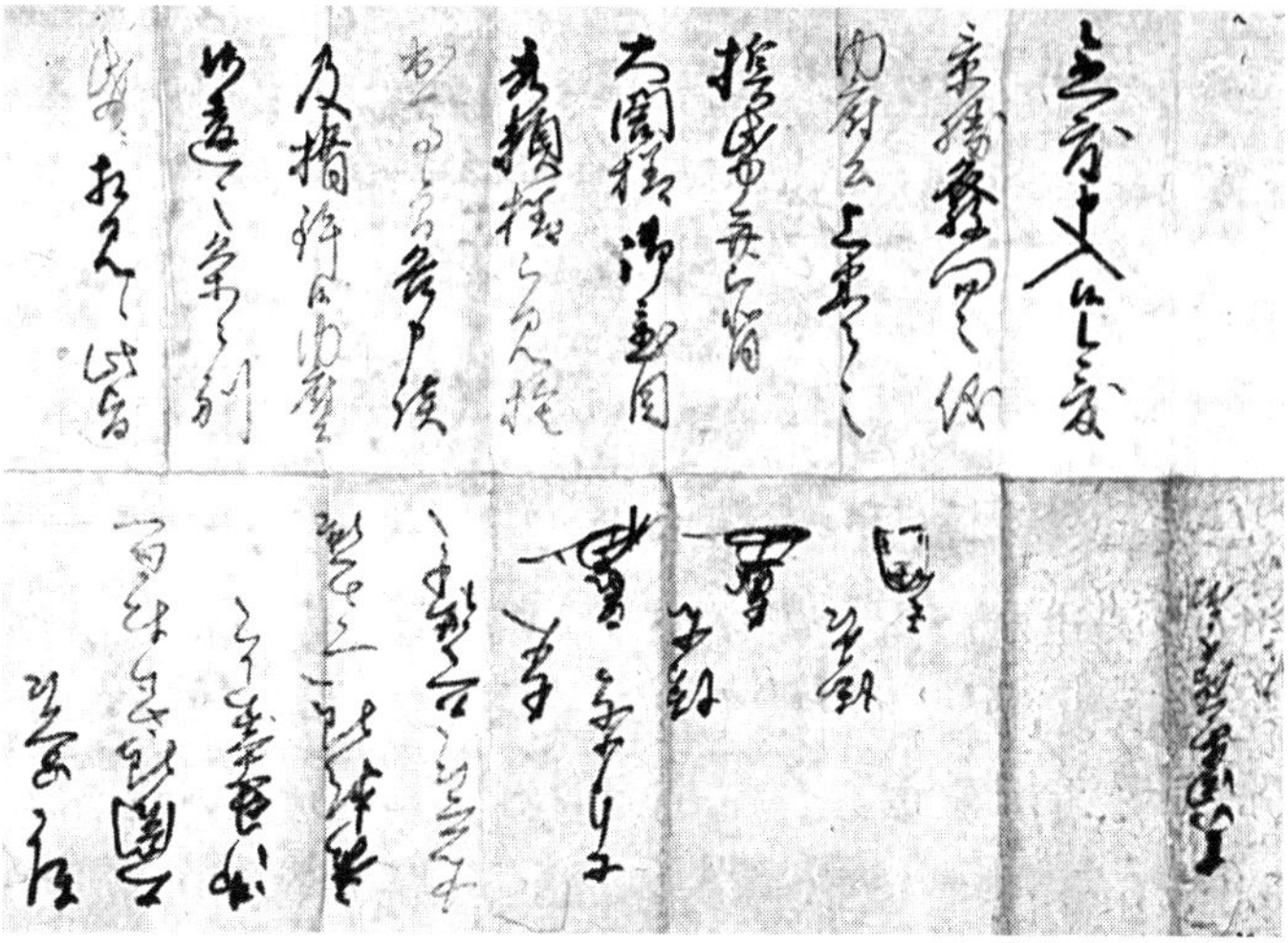

真田昌幸宛 奉行連署状（真田宝物館蔵）

る家康に対する糾弾の文書が添えられていた。

この弾劾状は家康に従って上杉討伐に参加しようとしていた真田親子にも届けられた。当時、昌幸は信繁と共に上田城を出発して下野犬伏（栃木県佐野市）に着いたばかりであった。このとき、信幸は家康の嫡男秀忠に属して昌幸とは別の形で出陣していた。

この弾劾状には、秀吉の遺訓をことごとく破り、野心をむき出しにして、専横な振る舞いをしている家康の罪状が余すところなく表現されていた。それが密使により、昌幸のもとに届けられたのである。

これらの書状を見た昌幸はすぐに犬伏に信幸を呼んで、親子三人でその対応を協議した。

そこで何が話し合われたのかは確かな史料からは分からないが、この協議の後、昌幸・信繁は石田方につき、嫡男信幸は家康方についたことは事実である。

このとき行われた協議の内容をあえて推定すると、①真田家を大名として滋野一族の先祖伝来の地信濃小県から上野吾妻郡、沼田に至るまでの領地を安堵してくれたのは他ならぬ秀吉であった。②さらにそこに至るまで一貫して真田を支持し応援してくれたのは上杉家であった。③真田家が家康の配下になったのはあくまでも秀吉の指示である。④ただ、信幸は婚姻関係からも家康の配下になっている。⑤信繁も婚姻関係から石田方の大谷刑部と深い関係にある。⑥昌幸は石田三成と姻戚関係にはあるが、それは石田につく大きな理由にはならない。⑦どちらに転んでも海野本家としての真田家だけは何としても守らなければならない。そんなところではなかったろうか。

真田家の歴史を記した『滋野世紀』には、昌幸がこの協議において「家康、秀頼の恩を受けた当家ではないが、このような事態であるので、家を大きくし、大望を遂げようと思う。このようなときに父子が分かれるのも家のためにはよいことになるだろう」と述べたとされているが、ここまで真田家の存続に命を賭けてきた昌幸である。どのような事態になっても真田家を残すということが話し合いの一番の肝であったろう。

『河原綱徳家記』によれば、真田親子が三人でこの話をしているときに、真田家の家臣河原綱徳がその様子を見にきたところ、昌幸は怒って履いていた下駄を河原に投げつけ、そのため河原の前歯が折れてしまったという。

このエピソードからは、この話し合いがピリピリと緊張した空気の中で行われていたことが伝わってくる。真田父子はそれぞれの意見を言い合い、そこでは激論が交わされたに違いない。

ただ、家康は七月二十六日付けで越後の堀秀治に宛てた書状の中で「石田治部少輔（三成）・大谷刑部少輔逆心」と述べているが、真田には当然このことが伝わっていたと思われる。

事実、七月三十日付けで大谷吉継は信繁に直接書状を送り、加勢を依頼している。三成の挙兵には信繁の義父大谷吉継が深く関与していたのである。このことから、信繁としては大谷側につくという態度を表明したことが推察される。

それともう一つ気になることは、一見荒唐無稽《こうとうむけい》に思われるが、昌幸の居城上田城の作りである。

金箔瓦の城

それは、上田城の跡から金箔瓦が出土しているという事実である。

金箔瓦というのは、読んで字のごとく瓦の凸凹面に金箔を張った大変ぜいたくな仕様の瓦で、織田信長、豊臣秀吉の時代、いわゆる安土桃山時代の城を中心に使用されたものである。

しかし、その時代の城はどこでも金箔瓦を使用したのかというとそうではない。織田信長、豊臣秀吉といった権力者のステータスを担ったものだけがその使用を許されていたのである。

だが、上田城からは金箔の鯱瓦《しゃちがわら》も出土している。

鯱瓦とは城の天守閣などを飾っている瓦である。また、上田城では本丸以外の場所からも金箔瓦が出土していることから、真田時代の上田城は櫓の数も後の仙石氏再建の現在の上田城のものよりはずっと多く、そこにも金箔瓦が使用されていた可能性が高いとみられている。

まさに、上田城は現在の質素な城とは大きく異なり、真田時代には光り輝くまばゆいばかりの豪華絢爛《けんらん》な城であったことになる。

だが、この金箔瓦が発見されたのは上田城だけではない。

実は長野県だけでも他に小諸市の小諸城、松本市の松本城でも発見され、さらにはこれまで天守閣は存在しないとされてきた山梨県甲府市の甲府城からもみつかっている。

さらに、全国では何と二十八の城から発見されており、これからもまだ増える可能性はあるという。まさに、この時代には金箔瓦のラッシュとさえ思える事態が発生していた。

この事実はいったい何を示しているのであろうか。

上田城出土 金箔瓦(上田市立博物館蔵)

金箔瓦は今まで織田信長、豊臣秀吉といった天下人の城だけに使用されてきたと思われていた。しかし、発掘調査の結果、金箔瓦は北は福島県の会津若松城から南は熊本県の熊本城まで全国にわたって使用されていたことが分かってきた。絢爛豪華な城郭文化、安土桃山文化は安土、大坂、京都といった当時の日本の中心の地だけではなく、全国にわたって花開いていたのである。

また、秀吉は子飼いの武将や有力な家臣に自らのかつての姓であった「羽柴」さらには「豊臣」まで名乗らせ一門化を図っているが、それは彼らの城においてもはっきりとみることができる。

秀吉は生まれながらの武門の出ではなかったことから、譜代の家臣が少なく、豊臣家の将来を考えると、それを支える有力な家臣団を構築する必要があった。その一つがかつての自分の姓である「羽柴」や「豊臣」の姓を与えて一門の扱いにすることであり、もう一つが居城に金箔瓦を使用させることであったのではなかろうか。

まさに、金箔瓦を使用した城は、見た目から秀吉の厚遇を受けた豊臣一門・譜代の城であることが分かるというシステムであったといってよい。

秀吉の甥で後に関白になった秀次の近江八幡城、豊臣一門として厚遇を受けた大老宇喜多秀家の岡山城、同じく秀吉から厚遇された大老毛利輝元の広島城、秀吉から羽柴の姓を許された蒲生氏郷の会津若松城などがその代表格で、それらの城にも惜しげもなく金箔瓦が使われた。

しかし、そこには当然のように真田氏の上田城、仙石氏の小諸城といった小大名の城は含まれてはいない。彼らは事実豊臣一門につながる家でもなければ、有力大名でもない。それなのに、なぜ彼らの城から金箔瓦が出土しているのであろうか。なぜ、彼らの城に金箔瓦の使用が認められたのであろうか。

そこに秀吉の何らかの政治的意図があったことは間違いない。

その一つは、形の上で明確にそれらの城が豊臣方の城であることを内外に示す必要があったからではなかろうか。

秀吉は、豊臣の城と徳川の城をはっきりと対比させていた。

というのは、このとき関東にあった徳川方の城は家康の本拠の江戸城をはじめ、ほとんどがまだ石垣もない、一見粗末な中世そのままの土作りの城であったからである。それらの城にとっては金箔瓦の使用など思いもかけないことであった。

そこでは、城一つとっても徳川方と豊臣方では大きな差があった。秀吉はその大きな違いを城という目に見えるステータスシンボルをもって視覚の上で天下に見せつけたのではなかろうか。

さらに、考えられるもう一つの大きな理由は、これら金箔瓦をもった城、甲府・松本・上田・小諸・沼田・会津若松などの城の位置である。

それらを点で結ぶと家康の領地関東をまさに円でぐるっと囲むように配置されている事実が浮かび上がってくる。さらには、それらの城はすべて交通の要地に築かれ主要な街道を押さえている。

これらの城は確かに金箔瓦を用いた天守閣や櫓など桃山期の豪壮な城郭建築を誇ってはいたが、ただ豪華絢爛な姿を示すことだけが目的ではなかった。それはそのまま豊臣政権の城として関東の徳川領国を包囲し、そこに無言のプレッシャーをかける大きな存在でもあったのである。

つまり、それらの絢爛豪華な城はそのまま秀吉の徳川包囲網を示すものであったと考えられるのである（加藤理文「金箔瓦使用城郭から見た信長・秀吉の城郭政策」『織豊城郭』第二号）。

そして真田氏の上田城、さらには沼田城も秀吉からその徳川家康包囲網の一環としての機能を担わされた。それは城跡から多数の金箔瓦が発見されたという事実が証明している。

この事実から、真田氏は秀吉から厚遇され、豊臣系大名としてのステータスを担っていたことが分かる。

石田三成は七月二十一日付の書状で昌幸のことを「公儀御疎略なき身上」と述べているが、これは三成が昌幸を「公儀（豊臣家）と疎遠ではない関係」と見ていたことを示している。まさにそれは、上田城における金箔瓦の使用が何より物語っているのではなかろうか。

北政所と関ヶ原

また、先にも述べたように、信繁の義父大谷吉継の母は東殿という北政所に仕える女性である。そのことからも、大谷吉継が石田三成に呼応して兵を挙げたという事実は、巷間《こうかん》伝えられるような、単なる三成との友情というメンタルな部分のみによるものだけではなく、その背景には北政所の意思もあったのではなかろうか。

白川亨氏は家康が奉行の石田三成や浅野長政を蟄居に追い込んだのは、北政所から両者を引き離すことにその目的があったとしている（『石田三成とその子孫』）が、それはまさしく、三成らの背後に北政所の意思が存在したことを何より物語っている。

北政所像（高台寺蔵）

事実、関ヶ原合戦において、北政所の兄の木下家定の子、つまり北政所の甥たち七人のうち六人までが石田三成の西軍に加わっている（杉山哲也『北政所』）。この中でたった一人東軍についたのが、木下家定の五男で関ヶ原で最後に裏切ったとされる小早川秀秋である。そして、この小早川秀秋も最後までどちらにつくか迷っていたことは周知の通りである。

彼らが西軍につくにあたっては、父で北政所の兄であった木下家定の意向が反映されていたことは事実であろうが、そこには同時に北政所の意向が大きくかかわっていたとみるのが自然なのではなかろうか。なぜなら、北政所の力をもってすれば、彼らを家康方につかせることは容易であったはずなのに、彼女にはそれをした形跡がないからである。また、北政所の側近であった孝蔵主は、巷間、北政所の命で加藤清正や福島正則らに家康につくよう指示したとされている人物であるが、孝蔵主の弟の子、つまり孝蔵主が親代わりを勤めた甥たちもすべて西軍につき、自らの末弟も西軍として家康を相手に戦っている。

特に、末弟は、関ヶ原合戦の後も大坂の陣で大坂城に入って家康と最後まで戦っている。これはまさに徹底的に家康を敵視しているとしか思えない行動である。これも孝蔵主、ひいてはその背後にいる北政所の影響とみることはできないであろうか。

さらには、北政所は養女豪姫の夫である大老宇喜多秀家が豊国社で行った関ヶ原への出陣式に際しては名代を派遣してその必勝祈願を行っている。宇喜多秀家は関ヶ原では西軍の大将の一人として石田三成と最後まで行動を共にした西軍の中心人物の一人である。また、『舜旧記』によれば、北政所は西軍の総帥毛利輝元が関ヶ原合戦の一ヶ月前の八月二日豊国社で行った戦勝祈願に同席していたという。

この事実は北政所が西軍の必勝を祈願していたことを伝えている。これらの事実から、北政所が三成方西軍を支持していたことは間違いない。

北政所は秀吉の死後、秀吉を祀る京都豊国神社への参詣を欠かさなかった。しかし、特に関ヶ原合戦後は秀吉子飼いの大名であった加藤清正や福島正則らは家康をはばかってか、あまり参詣をしていない。

だが、彼らがたまに参詣しても、北政所は彼らと決して顔を合わそうとはしなかった。そこには、家康に加担して豊臣家に敵対した彼らを許すことができなかった北政所の心情が表れている。

この北政所の心はその側近であった孝蔵主、そして信繁の義父大谷吉継の母、東殿が誰より理解していたことであろう。

石田三成と運命を共にした大谷吉継

吉継が豊臣政権内で三成と並んで大きな位置を占めたのは、何より秀吉自身が吉継の器量を認めたこともあろうが、一方でその母の影響力も見逃すことはできない。

吉継が石田三成と共に挙兵した背景にはそんな母の意志、そしてその背後にいる北政所の意思もあったことだろう。

『名将言行録』によれば、吉継は「人となり、才智聡穎《そうえい》、勤労倦《う》まず、能《よ》く秀吉の心に叶えり」とあり、秀吉の目に叶うほどの聡明な人物であったことが分かる。

また、同書には「汎《ひろ》く衆を愛し、智勇を兼ね、能く邪正を弁ず、世人称して賢人と言ひしとぞ」ともあり、智勇に長け、正義感の強い人物でもあったようだ。

さらに、秀吉をして「(吉継に)百万の軍配を預けてみたい」と言わしめたほどの戦巧者でもあった。

その大谷吉継は石田三成と共に早くから家康を警戒し、その暴走に歯止めをかけようとしていた。

例えば、関ヶ原合戦の前年、慶長四年(一五九九)閏三月に起きた、加藤清正らによる三成襲撃事件の後、三成や毛利輝元らと謀って、家康を挟撃すべく動いていた。

また、会津上杉の討伐に赴いた家康が江戸城に入った七月二日、吉継は会津攻めに参加するため敦賀《つるが》を発ち、途中、佐和山城に石田三成を訪ねた。このとき、三成は家康に人質に出していた嫡男重家について家康に「上杉討伐に我が子重家を従軍させていただきたい」と願い出、家康から許可を得、佐和山に呼び戻していたのであった。

三成はこのときまでは表面上は家康に従順な姿勢を見せていた。三成は大谷吉継にも重家を同行させてほしいと頼んでいたのであろう。

そのため、吉継は佐和山に立ち寄った。だが、そこで三成は吉継に家康打倒の計画を打ち明けたのである。だが、それを聞いた吉継はすぐに思い留まるように説得したという。

『慶長見聞記』によれば、三成は「今、天下は家康のものになろうとしている。家康は諸事太閤様の決めた御政道に背いたばかりではなく、秀頼様までも蔑如している。我らは太閤様のご恩を蒙った者たちである。今、このような次第を見て、家康を許すことなどできはしない。ただ家康に立ち向かって討ち果たすだけである」と言った。

これに対して吉継は「家康は三百万石の大名であり、集められる軍勢も多い。それに比してお主はわずかの身代しかないではないか。何をなし得るというのか。わしが病気の体を押して会津に行くのもただ上杉と徳川両者の調停をはからんがためである。わしはそれが君命だと信

大谷吉継陣所図
（「関ヶ原合戦図屏風」部分・関ケ原町歴史民俗資料館蔵）

じている」と言ったという。

しかし、どんなに吉継が説得しても三成の心は変わらなかった。

今、家康は上杉討伐のため、大坂城を出ている。ここで三成らが大坂城に入り、家康の手から秀頼を奪還し、そのもとで奉行・大老が結束して諸大名に家康打倒の書を送り兵を挙げれば、家康を必ず倒すことができる。

チャンスというものは生涯に何度も訪れるものではない。今、目の前に家康を討つ千載一遇のチャンスが訪れたのである。それをこのまま放って見過ごすことなど絶対にできない。家康を討つのは今をおいて他にはない。そう三成は強く主張したことだろう。

そこで、吉継は説得をあきらめて、一人で会津攻めに向かった。しかし、三成は吉継に命がけの計画を打ち明けてくれ、「わしにお主の命を預けてくれ。一緒に腹を切ろうではないか」と再三言い残した(『慶長見聞記』)。吉継はそんな三成を裏切ることができずに、途中で引き返して再び佐和山に三成を訪ねたのであった。

三成同様、吉継も家康の専横を許すつもりはなかった。結局、吉継は三成と運命を共にする覚悟をし、関ヶ原の戦いにおける西軍の中心人物の一人となったのであった。

昌幸・信繁の判断

そんな義父吉継に信繁が大きく感化されたとしても不思議ではない。信繁はそんな義父吉継の心を汲み、吉継に殉じることを決めたのではなかろうか。

以上のことから、昌幸の心では滋野領国を実現させてくれた秀吉への想い、そして北条問題以来くすぶっていた家康への強い不信感、さらには、真田氏を一貫して支援してくれた上杉景勝への想いなどが複雑に交錯し、信繁にも義父大谷吉継への強い想いがあったものと推察される。

そのことから、秀吉の遺訓をことごとく無視して横暴の限りを尽くす家康にこのまま素直に従うことにも、さらには家康が何の咎《とが》もない上杉氏を一方的に攻めることに対しても昌幸、信繁には大きな反発があったと考えられなくはない。その叛骨精神が結果として、昌幸、そして信繁に反徳川、西軍への道を選ばせたのではなかろうか。

怒りを抑えきれなかった信繁

昌幸、信繁は西軍につくことを決めると、犬伏から信州上田に向けて急ぎ帰っていった。

また、信幸も急ぎ家康のもとに立ち返り、家康に今度の経緯を説明し、自らは父と行動を別にし、家康につくことを表明したという（笠谷和比古『関ヶ原合戦と近世の国制』）。

『慶長記』によれば、信繁らはまず上州赤城山の麓《ふもと》から夜を日についで沼田に行ったという。沼田は昌幸の長男信幸の領地であり、そこで途中の休息を取るつもりであったのだろう。

だが、同書によれば、沼田城の留守を守っていた信幸の妻（本多忠勝の娘）は、夫である信幸は家康の供をして東上しているのに、その父昌幸だけが帰って来たのは不可解であると、城の大手門を固め、中には入れず、昌幸の使いの春原若狭に城にも近づくことはまかりならぬと告げた。

そのため、昌幸、信繁の兵は沼田城に入ることはできず、そこでの休息もままならぬことになった。

これに腹を立てた信繁は昌幸に沼田に火をかけることを進言したが、昌幸はこれを退け、昼夜を分かたず行軍して無事に上田に帰還した。だが、腹の虫の収まらない信繁は途中大篠という町で名主三人を斬り、町に火をかけ、その明かりを頼りに鳥居峠を越えたという。

この『慶長記』の記述は伝聞であろうが、それが事実だとしたら、後の信繁からは想像もできない信繁の短気な一面を伝えている。

そこでは、兄信幸と袂《たもと》を分かち敵対することになったことへの大きな緊張と自分の気持ちをコントロールできずイライラ感に苛《さいな》まれる信繁の姿を見ることができる。

このエピソードはこれまで常に一体として行動し、仲が良かった兄弟・親子の決別という現実の厳しさを何よりも伝えている。

真田家を信幸に託した昌幸

このとき父親と袂を分かち家康方についた信幸に対して家康は、七月二十七日付けの書状で「父昌幸が帰国したにもかかわらず、日ごろからの忠節を忘れず留まってくれたことは奇特である」と喜び、「父昌幸の領地小県をすべて宛がい、身分をいかようにも取り立てる」と約束している。

信幸は父、弟と袂を分かつとそのことを直ちに宇都宮の秀忠に報告していた。秀忠からそのことを聞いた家康はすぐに返書をしたためたのであった。

この時点で関東の要地沼田に所領をもつ信幸が味方についてくれたことは家康にとって大きかった。家康は後の九月一日の書状で「上杉景勝が越後坂戸（新潟県南魚沼市）に攻めてきたならば、坂戸に出動して坂戸城主の堀直寄に加勢するように」と信幸に命じているが、沼田と坂戸は領地が接しており、上杉対策には欠かせない要地であった。

また、沼田は上杉氏のかつての領地越後から関東に抜ける入り口にあり、三成方にとって真田の本拠上田からの対上杉工作に欠かせない要地であった。

事実、石田三成は真田氏に宛てた書状の中で飛脚を沼田越えで会津に届けるよう何度か頼んでいるほどであり、家康も八月二十一日付けの書状で信幸が会津口境目の守備を厳重にしたという報告を受けて満足の意を示している。

家康が信幸の残留を喜んだ背景にはそのような戦略的な事情もあったことだろう。

そのため、昌幸は石田三成に対して信幸が家康側についたことをしばらくは秘匿している。

また、家康が信幸に昌幸の小県の領地を宛行うとしたことは、父の領地上田を攻めることを認めたということでもあろう。

家康の子の秀忠はこの後上田城を攻めるが、そこに信幸が従軍しているのはそんな背景もあった。

ただ、この時点で一つ気になることは、昌幸が真田家に伝わるすべての文書を、西軍につくとはっきり決めた八月五日時点で嫡男信幸にすべて委譲しているという事実である（小林計一郎編『真田昌幸のすべて』）。

これは、昌幸はこの時点で嫡男信幸に真田家の家督を譲り、その行く末を託したと考えることもできる。ここでもやはり、昌幸は真田家の存続を第一に考えていたことが分かる。

もちろん、この時点では将来どちらが勝者になるかはまったく分からない。だが、それをも承知で昌幸は信幸に後をすべて託したのである。

石田＝真田ホットライン

さて、この間、昌幸には石田方西軍から一ヶ月の間に十一通もの書状が寄せられ、昌幸も積極的に石田三成を通して正確な情報の収集に努めている。

事実、三成が七月二十一日付けで昌幸に宛てた書状から、昌幸は二度にわたって三成の居城佐和山に使いを送っていることが分かる。

一方的な情報は往々にして都合の悪いことは伏せられているものである。それをただ鵜呑みにした場合、戦況を誤ることの危険性を昌幸は知悉《ちしつ》していたのであろう。

この七月二十一日付け書状では、大谷吉継が上方にいる真田家の家族を保護していることを知らせるとともに、三成が使者を遣わしたので、昌幸が案内をつけて沼田経由で会津の上杉に送り出すよう依頼している。

先にも述べたように、昌幸は嫡男信幸が家康方についたことは三成に伏せており、そのことを三成に知らせたのは八月に入ってからであったことから、三成は沼田を通して上杉と連絡を取るつもりであったことがわかる。

藤井尚夫氏は、石田三成が大坂城から八月三日に昌幸に出した書状がその三日後の六日に上田の昌幸に届いていると思われることから、両者の間には上方と上田を結ぶ複数の中継点をもった独自の連絡システムがあったとしているが(『フィールドワーク関ヶ原』)、大変興味深い指摘である。

まさに、三成と昌幸との間にはホットラインがあり、昌幸は三成方に加担するにあたって、情報のいち早い収集に何より心を砕いていたということを物語っている。

また、奥羽の伊達政宗、出羽の最上義光、越後の堀秀治らが徳川方につき、会津の上杉を背後から圧迫している今、上杉の会津と上方の中継点にあたる上田の戦略上の価値も三成にとって計り知れないものがあったことはいうまでもない。

上田城の戦略的価値

その後の歴史の結末を知っている我々からすれば、この昌幸の決断は間違っていたことになるが、果たしてそうであったのだろうか。

先に昌幸に届けられた家康への弾劾文を見るかぎり、明らかに非は家康の方にあった。さらに、家康が上杉征伐の唯一の大義名分とした秀頼も今や掌中の玉として西軍の総帥毛利輝元の手の中にあった。まさにここで家康の政治的な優位は完全に逆転してしまっていたのである。

今や大義名分は三成らに大きく傾こうとしていた。家康方の諸将はこのまま家康に従っていけば、一方で秀頼＝豊臣政権に弓を引くことになるとの認識ももっていたに違いない。しかも、諸将の妻子はそのほとんど大坂か伏見の屋敷におり、それも三成ら西軍の手で人質に取られようとしていた。彼らが動揺しなかったわけがない。家康としては苦しい立場に追い込まれてしまった。これでは、上杉討伐などできなくなるのは当然であった。おまけに三成方西軍には、五人の大老のうち、毛利輝元、宇喜多秀家、上杉景勝の三人が味方し、島津義弘や小早川秀秋、立花宗茂などの有力な大名も加わっていた。

三成らが起こした家康の弾劾文は効を奏し、大義名分は三成方にあるとみた大名たち

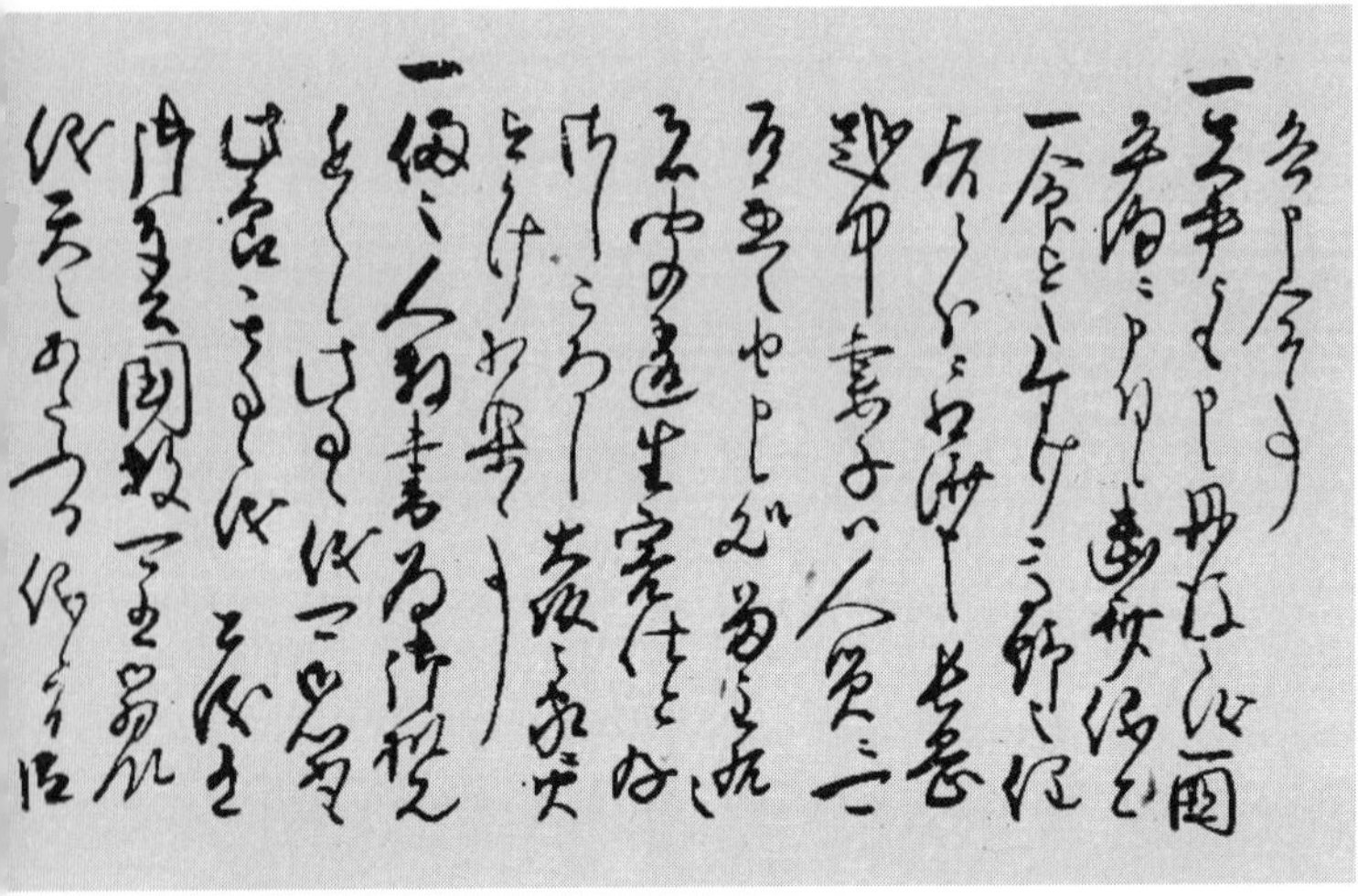

真田昌幸・信之（信幸）**・信繁宛 石田三成書状**（真田宝物館蔵）

も少なくはなかったのである。事実、美濃岩村城主の田丸忠昌は家康のもとから離反し、四国阿波の蜂須賀氏、同じく四国讃岐の生駒《いこま》氏、伊勢の九鬼氏らは真田氏と同様親子で家康方と三成方に分かれている。

　このような客観的な状況を見たとき、昌幸が西軍についたことはこの時点では決して間違った判断だとは言えなかったはずである。

　三成方西軍は八月一日、伏見城を落とし、五日には伊勢（三重県）に入った。三成は、西軍に加わった真田昌幸に八月六日付けで宛てた書状の中で「尾張と三河の間で討ち果たすべき」と述べており、家康方東軍を尾張と三河（いずれも愛知県）

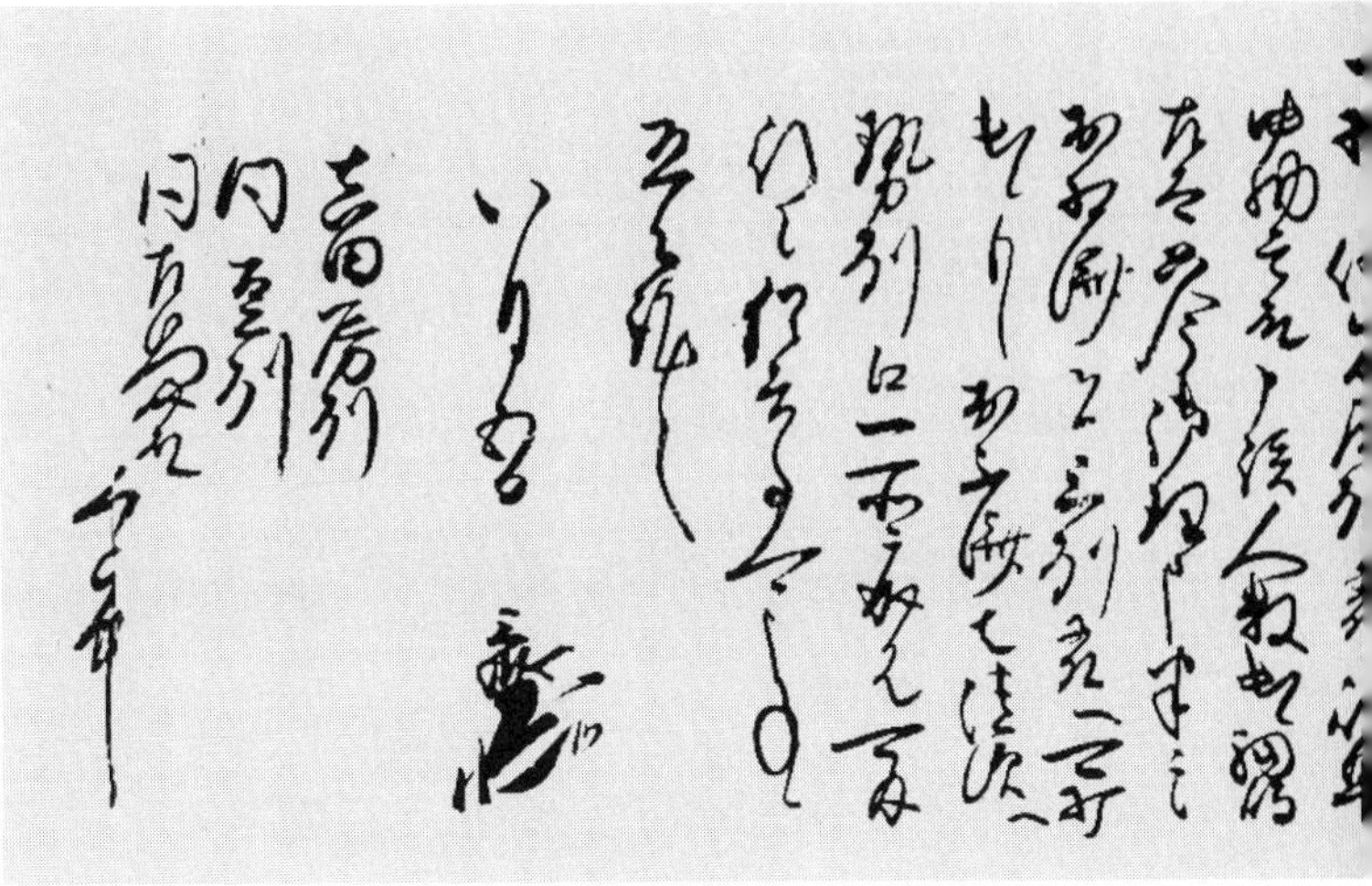

の境で迎撃する作戦を考えていたことが分かる。

三成はこのとき岐阜城の織田秀信を味方につけており、尾張方面も何とか調略できるとの考えがあった。岐阜城を確保したことにより、三成らは佐和山、岐阜、信濃上田、会津を結ぶ防衛ラインの確保に成功したといえる。このラインが機能すれば、家康を東西から挟み撃ちにできる目算も立つことになる。

また、七月二十九日付けで長束、増田、前田の三奉行が昌幸に宛てた書状にも「上杉景勝と話し合って対応してほしい」と述べ、三成も書状の中でかつて深い関係にあった上杉景勝と真田との連携を呼びかけている。

そこでは、岐阜と上杉の会津若松城を結ぶ地点に位置し中山道を押さえる昌幸の上田城の戦略的価値が、大きくクローズアップされてきたともいえる。

上田攻めを決めた秀忠

八月二日、家康は信州海津城主の森忠政と小諸城主仙石秀久を城に帰還させ、真田に備えさせた。

さらに八月十三日、家康は小諸の仙石秀久に真田が敵対したので、秀忠を進発させ、「即時に踏みつぶし申すべき」と報じている。このことから、秀忠が進軍の途中で上田城の真田を攻撃したのは家康の意思でもあったことが分かる。

八月二十三日秀忠は沼田城の信幸に、明日二十四日に宇都宮を出発して小県を攻めるので、心得て出陣するようとの書状を送り、また、佐久間晴信に出した書状の中でも「信州に真田を討伐するため出馬する」と言っており、真田攻めに意欲を見せている。

これに応えて、信幸は手勢八百を率いて、秀忠の部隊に合流すべく出陣した。

八月二十四日、秀忠は宇都宮を出発した。それまで、上杉に備えて宇都宮城にいた秀忠は家康の命を受け、宇都宮城に異母兄の結城秀康を置いて、家康への加勢のために上方に向かったのである。

このとき、中山道を通って美濃（岐阜県）に出、美濃で家康の軍と合流して西軍を撃破する計画であったことはいうまでもない。

九月一日、秀忠は仙石秀久の信濃小諸城（長野県）に入り、そこから上田城に使者として昌幸の嫡男信幸と本多忠政を送った。

ただ、ここにおいて、秀忠軍内は有無を言わせず上田城を力攻めにすべきという意見と、真田に降伏・開城を勧告すべきと主張する意見とに二分され、結論を出すのに二日間を費やしている。そして、結局は降伏・開城を迫るということになった。

当時、上田城を守る兵は二千五百ほどしかおらず、それに対して、秀忠軍は三万八千。十倍以上の規模である。秀忠がこれでは初めから勝負にならないと考えたのも無理はない。

もちろん、そこでは寡兵相手の真田攻めを行きがけの駄賃として士気を盛り上げることを考えていたことも確かであろう。

だが、この信州上田の地は西軍の本拠美濃・近江（滋賀県）と東北会津の上杉を結ぶ、西軍にとって重要な拠点の一つであり、この城を落として、その連携ラインを分断することも秀忠の戦略であったと考えられる。

戸石城を奪取した秀忠

さて、秀忠の使者として上田城に入った嫡男信幸らは昌幸に城の開城、降伏を求める説得にあたった。すると、意外にも昌幸はそれを了承し頭を丸めて秀忠に恭順の意を示したのである。その報告を受けた秀忠は翌四日、真田を許すことを伝える使者を再び上田城に送った。

だが、昌幸は初めから秀忠に屈服するつもりなどなかった。それはあくまでも時間を稼いで防戦の準備を整えるための戦略であった。そのため、翌四日の交渉は決裂し、五日には怒った秀忠は上田城攻めを命じた。

真田信之(信幸)**像**
(大鋒寺蔵・真田宝物館提供)

この間の事情を秀忠は五日付けの浅野長政への書状の中で「真田昌幸は最初は嫡男の信幸を通じていろいろ詫び言を言ってきたが、今に至っては許すことはできない。そこで戸石城を明け渡させ、信幸をそこに入れて置いた」と述べている。

この書状から、秀忠は上田城を守る真田方

の重要な防衛線の一画である戸石城を奪取したことが分かる。

一説にはここを信繁が守っていたとされている(笠谷和比古『関ヶ原合戦と近世の国制』)。それゆえ、戸石城の開城交渉には信幸が当たり、城を無事に明け渡させたとも考えられる。昌幸としても、本音は信幸との間に争いなど起こしたくはなかったのであろう。

そして、秀忠はその戸石の城にあえて昌幸の嫡男信幸を入れた。戸石城は上田城を見下ろす戦略上の要地であり、上田城の詰めの城として重要な意味を持っていた。

ここでもし、信幸が裏切って、戸石城に籠れば、上田城の防御力は一段と増し、城攻めはきわめて困難になってしまう。それでも秀忠は信幸を城に入れた。秀忠がいかに信幸を信頼していたかが分かる。この戸石の城を秀忠に奪取されたことにより、昌幸らは上田城に追い詰められることになった。

決戦上田城

六日、秀忠は上田城周辺の稲を刈り取らせた。これは、上田城に籠城している兵らの食料を奪い、打撃を与えるとともに、自軍の食料を確保するための行為でもあった。

だが、これを許せば、城側は食糧確保が困難になる。そこで、上田城の兵たち数十人がそれを妨害しようと城から出て行き、そこで両者はもみあった。

家康の家臣であった松平家忠の日記『増補家忠日記』には「台徳院（秀忠）信州に着御、真田安房守が楯籠上田城の城を囲まし玉ふ、御味方の軍勢城近辺にして、苅田する処に城中より軽卒を発して是を追ひ払はんと欲す」とある。つまり、昌幸は秀忠軍の兵が上田城の前で苅田をしたのでそれを追い払うために兵を出したというのである。秀忠の上田城攻めの真実というのは案外こんなものであったのかもしれない。

だが、出撃してきた真田勢はわずか数十人である。数で圧倒的に勝る徳川軍は彼らを討ち取ろうと、味方の制止を聞かず彼らを追って上田城の大手門まで押しかけていった。その様子をじっとうかがい、敵を十分引きつけたとみた上田城の兵たちは櫓の上から徳川軍に一斉に矢や鉄砲を撃ちかけ、城門を開いて兵を繰り出していった。

ここでは徳川軍に大きな損害が出たようで、この後、旗奉行の杉浦久勝や刈田奉行鎮田惟明らが軍令を無視して上田城に押し寄せ、多数の損害を出した責任を問われている。

また、一説には、信繁はあらかじめ上田城近くの神川の水をせき止め、近くの虚空蔵山に兵を隠しておいたという。そして、昌幸、信繁共に敵を偵察するとみせかけ、敵を上田城に引き付け、時期を見て神川の堰《せき》を切って、徳川軍の兵士を神川と上田城との間に閉じ込めた。そうしておいて、信繁自ら城を出て徳川軍に攻め入り、さらには虚空蔵山に隠してあった兵を徳川軍に突撃させて徳川軍に大損害を与えたという。

ただ、この話は確かな史料には見えないことから、後世真田氏の武勇伝として創作された可能性が高い。真田方は二千五百の兵しかおらず、とても虚空蔵山に兵を隠す余裕などなかったのではなかろうか。

こうして、秀忠は戦巧者の昌幸に翻弄され、逆に犠牲を被ってしまった。

関ヶ原遅参

秀忠としては以前にも徳川軍が上田城攻めに失敗したという経過があり、今回は何としても城を落としたかったに違いない。

しかし、秀忠軍はこのまま上田城攻めばかりを続けるわけにはいかなかった。秀忠軍の最大の目的は美濃に行き、家康と合流することにあるのである。

九月八日付け森忠政宛ての書状の中で、秀忠は「家康より急ぎ西上するよう申し渡されたので、明日には兵を引くつもりである」と言っていることから、このとき秀忠のもとに家康からの督促《とくそく》が来ていたことが分かる。

この間、家康と秀忠との間ではよく連携が取れておらず、家康は諸大名に宛てた書状の中で「秀忠は中山道を行軍中だ」と伝え、福島正則に宛てた書状では「秀忠は十日くらいには美濃赤坂に到着するだろう」と述べている。しかし、実際には秀忠はまだ信州上田で足止めをくらっていたのであった。

そこで、秀忠は十日になって、ついに城攻めをあきらめ、美濃に向かった。だが、秀忠は真田昌幸に翻弄され、実に一週間という期間を上田城攻めに費やしてしまった。

しかも、江戸から家康が出立したという知らせは折からの千曲川《ちくまがわ》の増水に阻まれて大幅に遅れて秀忠のもとに到着したため、秀忠は上田城の備えに森忠政、仙石秀久らを残し、大急ぎで美濃に向かった。

しかし、秀忠軍は背後の真田の攻勢を恐れて間道を通ったり、さらには中山道木曾路は険しい上に木曾川の増水にも阻まれたりして、そこでさらなる時間のロスに見舞われてしまうことになった。そして、この時間のロスが致命的となり、秀忠軍は十五日の関ヶ原合戦にとうとう遅参してしまうことになるのである。

だが、この事態は、家康にとって容易ならないことであった。

というのは、この秀忠軍というのは三万八千という大きな規模をもつばかりではなく、榊原康政、本多正信、酒井家次、大久保忠隣といった家臣からなる徳川本軍ともいうべき編成であったからである。

家康は秀忠に本軍を預け、自らは側近の部隊だけを率いて美濃に進軍していた。家康にとって最も信頼できる、その徳川本軍が本番の合戦にいなかったのであるから、事は容易ではなかった。

結果的に家康は関ヶ原合戦には勝ったが、この秀忠軍の遅参は家康の計画を大きく狂わせてしまった。それは、関ヶ原合戦では数で劣る徳川系大名の活躍の場が少なく、福島正則や黒田長政、細川忠興ら豊臣系大名らに大きく頼らなければならなくなったことである。

そのため、戦後処理では彼ら豊臣系大名の所領を大幅に増やさなければならなくなるという大きな矛盾を抱え込むことになった。しかも、関ヶ原合戦自体も秀吉の甥の小早川秀秋のどたん場での東軍参戦がなかったら、家康が勝っていたかどうかその結果は最後まで分からなかった。それも、この秀忠軍の遅参が招いた事態であったともいえる。

徳川方を果敢に攻めた真田

しかし、真田は単に上田城で秀忠を翻弄しただけではなかった。

秀忠は真田の押さえとして上田に近い信州松代城主(長野市)の森忠政を置いていたが、

忠政は上田城に近い坂木葛尾城と虚空蔵山城に兵を置いて上田城を監視していた。そこで、昌幸らは九月十八日に葛尾城に夜襲をかけ、同二十三日にも朝から葛尾城を攻撃するなど果敢に城に攻め込んでいったのである。

この間、森忠政は家康に自らも西上したいと伝えたが、家康からは上田城の押さえとして残留するよう指示され、今後も油断なく真田親子に備えるようにとの命を受けている。なお、この葛尾城攻めには信繁が大将として参加していたという（笹本正治『真田氏三代』）。

こうして、昌幸、信繁らは徳川方を相手に最後の最後まで抵抗し戦い続けたのであった。この事実が後に家康の心証を悪くしてしまったことは否めない。

結局、秀忠は二十日に近江の草津に到着した。だが、もう関ヶ原の合戦はその五日前の十五日には終わってしまっていた。

家康は秀忠の遅参に激怒したが、関ヶ原での合戦が九月十五日に行われたことも、さらには、それがたった一日で終わってしまったことも、事前にはまったく予想もできなかった事態であった。

というのは、家康が関ヶ原の手前の赤坂に到着したのが十四日であり、合戦はその翌日十五日早朝から行われたからである。そこでは、家康も休息を取っている時間などなく、まさにあわただしい時間の中で合戦は始まり終わったのであった。もし、合戦が二、三日遅く始まり、一進一退を繰り返していたら、秀忠は十分に間に合ったはずであった。

流罪にされた真田親子

家康にとって秀忠は大切な自分の後継者であった。家康が秀忠にわざわざ徳川の主力の兵をつけたのも、秀忠に合戦で大きな活躍をさせるための親心であった。

だが、関ヶ原の主力として家康のもとで戦った豊臣系大名たちの手前、家康は秀忠を厳しく叱責せざるを得なかった。

『翁物語』には「秀忠公御一代の弓矢の誤り也」とあるが、結果的には大きな遅参であったことはいうまでもない。

この事態に家康の重臣榊原康政は秀忠の遅参について家康に「我ら家臣の責任である」と泣いて詫びたという。そこで、家康は秀忠の遅参を重要事とし、その原因を作った真田を厳しく罰するしかなかった。

『翁物語』では家康は「父安房守（昌幸）・弟左衛門佐（信繁）は切腹にせよ」と述べたとされるが、信幸の必死の嘆願で二人は命だけは助けられた。だが、昌幸の所領は当然ながらすべて没収された。

幸いであったのは、それがすべて嫡男の信幸に受け継がれたことである。家康は父と袂を分かってまでも自分についてくれた信幸に報いるため、父昌幸の所領をすべて受け継がせさらには三万石の加増もしてやったのである。

しかし、上田城は跡形もなく破却され、昌幸、信繁親子は一命だけは助けられたものの、紀州（和歌山県）九度山に流されることになった。

このとき、信幸は自らの名「信幸」を「信之」と改めたという。信之は謹慎の意味を込めて、真田家にとって海野本家の名乗りでもある重要な「幸」の一字を捨てたのである。それは、信之の家康に対する精一杯の忠誠心の証でもあったが、真田家を継承することになった信之としては苦渋の選択でもあったろう。

こうして、慶長五年（一六〇〇）十二月十三日、昌幸・信繁親子は上田から配流の地紀州に旅立った。このとき、真田昌幸五十三歳、信繁三十四歳であった。

大坂方を恫喝した家康

毛利輝元が家康に降伏して大坂城から退去したため、関ヶ原合戦は家康の完全勝利という結果に終わった。

『上杉家御年譜』によれば、この事態に秀頼は家臣の大野修理亮《しゅりのすけ》と柘植《つげ》大炊助《おおいのすけ》の両名を家康のもとに遣わし、陳謝させた。家康は両使に対して「秀吉公他界の後は物騒で氷を踏むような思いをしていたが、家康が矛先をもって世上を静謐にした。このことは忠義であり何の誤りもないが、大野をはじめ近臣等は陰謀を企て家康を亡き者にしようとした。それは今に始まったことではない。（中略）天下の乱を起こしたのは、ただひとえに秀頼、淀殿ならびに近士の輩の心中より起こったことであるので、よくよく思慮を廻らすべきである」と恫喝した。

両使は震え上がって帰っていったが、家康は再び二人を呼んで、諸将の前で秀頼、淀殿ならびに近臣の死罪を赦免すると宣言した。これにより、家康と秀頼との和議がなったという。

このことから考えると、家康は関ヶ原の合戦は初めから徳川対豊臣の合戦だとはっきりと認識していたことが分かる。

家康の敵は三成に代表される豊臣政権そのものであり、それに勝利した以上、家康は豊臣政権に代わりうる存在となったのであり、家康としてはそれを秀頼と淀殿に認識させなければならなかった。

そして同時に、自らに刃向かったものは徹底的に処分することで、家康の力の大きさを天下に誇示することが必要であった。

真田への処置もその一環であったことはいうまでもない。

第六章　大坂の陣前夜

赦免を待ち望んだ昌幸

昌幸、信繁は流人という扱いではあったが、家臣たちもそれに同行し、また、信繁は妻子を伴うなどある程度の自由がきいたようである。そこでは、近辺での釣りや山狩なども許されていたという。

紀州での生活はそれまでの戦に明け暮れた生活と違って、ある意味では人間らしい自由を満喫するものであったともいえる。

信繁も家族とともにここで平穏な日々を送ったことだろう。ここでは嫡男の大助も生まれ、信繁の妻や子たち家族にとってみれば多少の不自由はあったにせよ幸福な日々であったことは間違いない。

だが、多くの家人を引き連れての生活は決して楽ではなかったようで、昌幸は信之に何度も送金の催促をしている。ある書状では「こちらは借金が多くて困っている。用意でき次第五両でも六両でもいいから送ってほしい」とその困窮ぶりを訴えている。

この配流先での生活の中で昌幸を唯一支えていたのは、家康から赦免されて上田に戻るという一縷《いちる》の希望であった。

どうやら、昌幸は信之を通じて家康の側近、井伊直政らに赦免の依頼をしていたよう

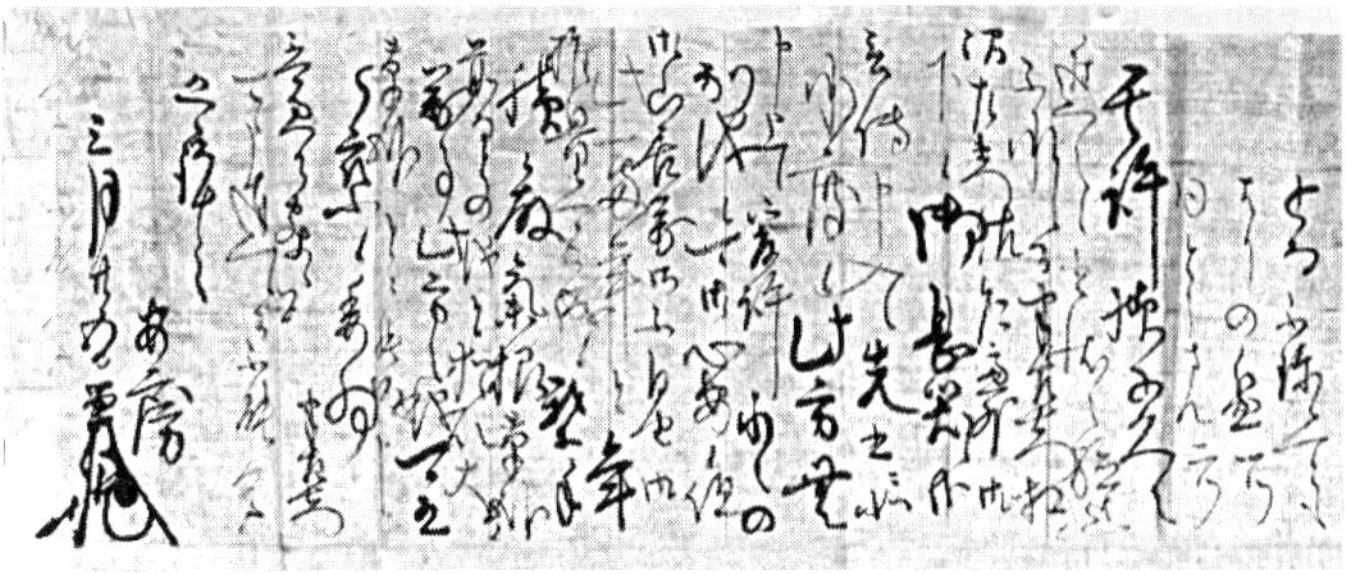

信繁が代筆した晩年の真田昌幸書状（真田宝物館蔵）

である。

昌幸は配流から三年後の慶長八年（一六〇三）三月に国元の信綱寺の僧侶に宛てた書状の中で「今年の夏中には家康様が関東に参られるようです。そのときにはきっと側近の本多正信が私のことをとりなしてくださるかと思います。下山したら、直接お会いしてお話をいたしたい」と述べている。

また、この前後に禰津神五郎に宛てた書状の中でも「年も明けましたので、我らの下山も近づいてきたと喜んでおります」と赦免への希望を述べている。

だが、当然のことながら、家康は真田を許すつもりなどなかった。そのため、何年経っても赦免の知らせなど来なかった。また、来るはずもなかった。

昌幸死す

そのうち、昌幸は赦免など永久に来ないことに気づいたのであろうか。「この一両年は年を取ったためでしょうか、気力もすっかりくたびれてしまいました。万事お察し下さるようお願いします」とか「私は去年と同様、今年も病気になって、ひどく難儀をしております」「当方は万事不自由な上、病気も再発し散々な体です」との書状を送っている。

赦免の知らせはいつになっても来ない。その中で、我が身はただ何もしないまま朽ち果てていくだけである。そんな絶望感は急速に昌幸の気力も体力も奪っていったに違いない。

だが、その一方で、国元に宛てた別の書状では「持っていた馬をよそにあげてしまったので勇ましい馬を送ってほしい。その馬を見て病中の慰めにしたい」と馬を送ってくれるよう頼んでいる。

昌幸はこれまで戦に明け暮れ、常に身をそこに置いて生きてきていた。そんな生き方を重ねてきた昌幸にとっては、紀州でのんびりした平穏な暮らしを送るよりも、自ら戦場で兵を率いて戦っている方が生きている実感があったのだろう。昌幸は生涯戦人であった。

そして、昌幸はこのままただ衰えていくだけの自分の中にまだ叛骨精神をもった戦国武将としての心意気を感じていたかったに違いない。それだけは絶対に捨てられない、昌幸自身のプライドでもあった。

また、昌幸が流されていた高野山蓮華定院には、秀吉への供養として、昌幸が寄進した秀吉の肖像画が残っている。寄進した年月日は不明であるが、昌幸は流罪の地にあっても真田の夢を叶えてくれた亡き主君秀吉の恩を最後まで忘れようとはしなかった。

九度山真田庵（九度山町提供）

上田を出て十年が過ぎた慶長十六年（一六一一）六月四日、昌幸は配流先の紀州九度山で亡くなった。享年六十五歳。真田家を近世大名にまでのし上げた、真田家にとってはまさに中興の祖ともいうべき人物の、波乱の生涯の終焉であった。

この昌幸の死に際して、信之は家康の側近である本多正信に昌幸をねんごろに弔いたいと相談をしたが正信は「公儀にはばかる人」なので葬儀は家康の

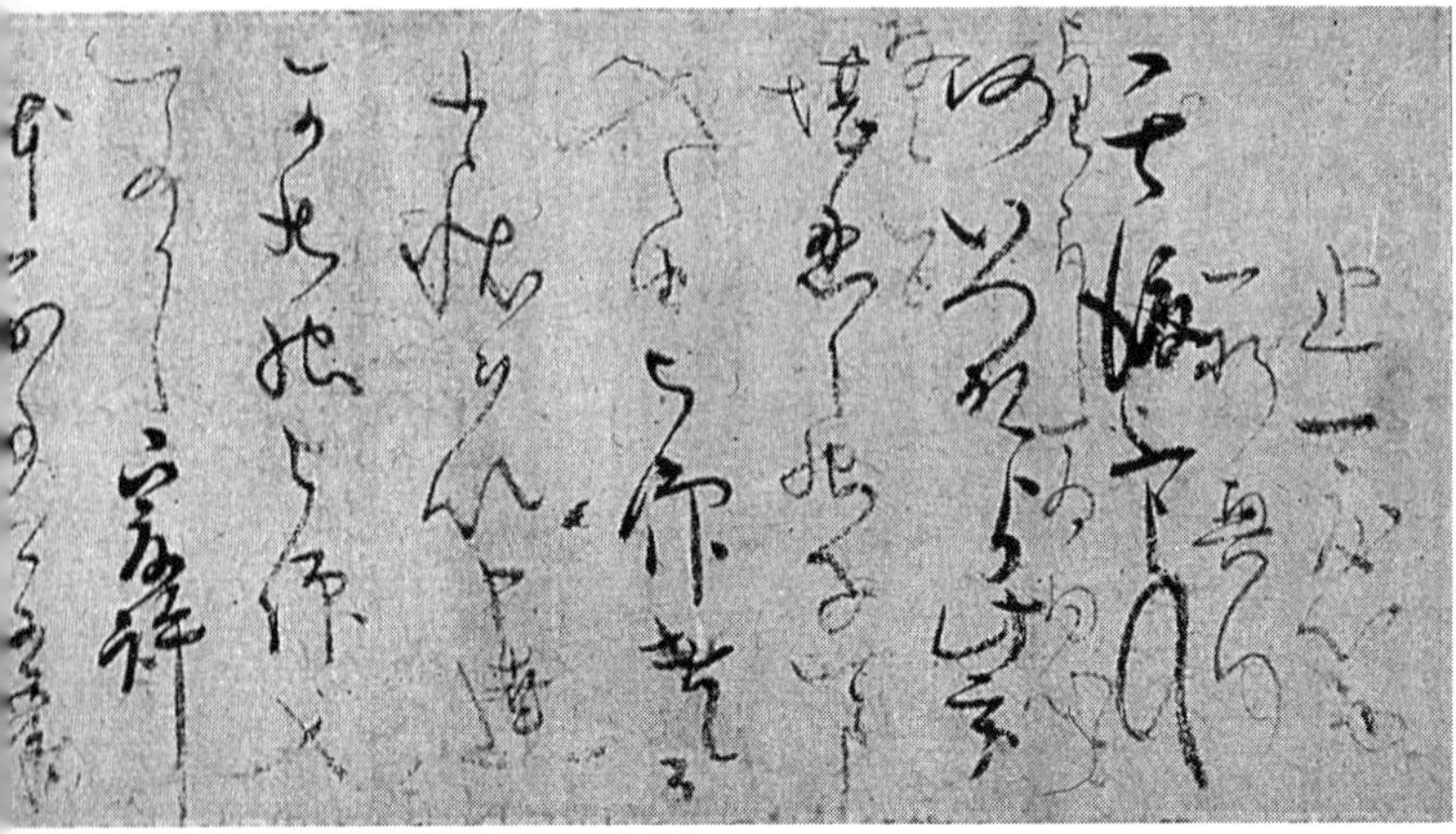

真田信繁書状（九月二十日付・個人蔵・真田宝物館提供）

意向を聞いてやりなさいと答えた。

流人となった昌幸はその葬儀さえも自由にはできなかった。そんな扱いであったから、昌幸らの赦免などは思いも寄らなかった。

初老を迎えた信繁

大坂の陣で活躍した真田信繁といえば、誰もがさわやかなイケメンの青年武将を思い浮かべると思うが、実際は中年、いや当時としては老年にさしかかる年齢であった。実際、父昌幸が死んだとき信繁はもう四十五歳を迎えていた。

信繁自身が姉婿に宛てて書いた書状の中で「私など去年から急に年を取り、ことのほか病身になり、歯なども抜けました。ひげなど

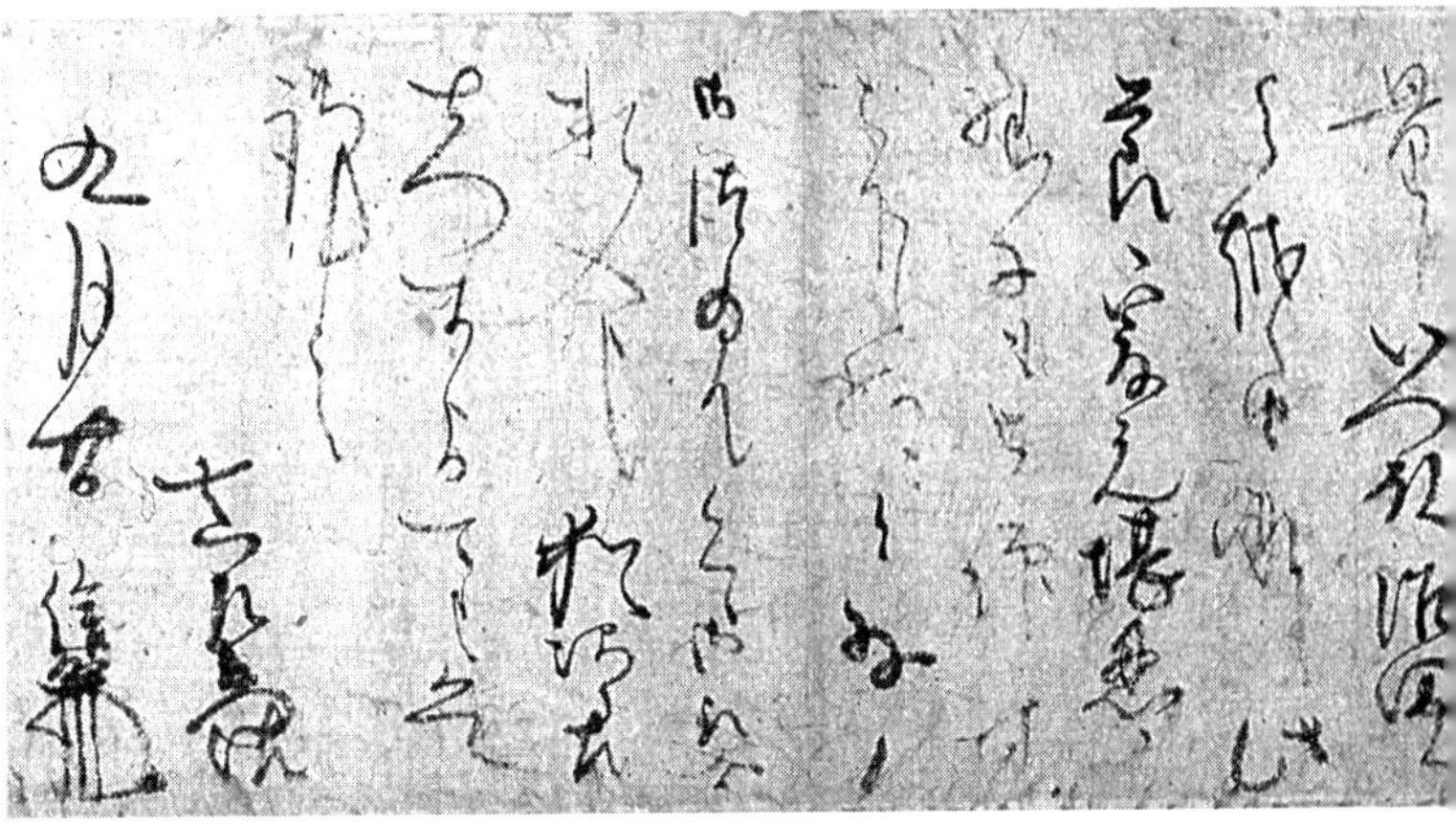

も黒いところはあまりありません」と述べている。

また、『長沢聞書』によれば、大坂城に入った信繁の風貌は「四十四、五歳にも見え、額に二、三寸の傷があり、小柄な人であった」という。

信繁は流罪の地で年を重ね、いつしか歯が抜けひげも白くなった初老の小柄な男性と成り果てていたのである。

しかも、信繁は人間として、また男として最も働き盛りである三十代の半分以上を、運命とはいえ流人として送ることになってしまった。

『真武内伝』によれば、信繁は配流先でも狩りや囲碁を一日中やっていたり、深夜まで兵書を読み、父昌幸と問答を交わし、日ごろから近辺の郷士たちなどとともに兵術鉄砲を練磨していたという。また、書状から信繁は連歌も学んでいたことも分かっている。

ここから、信繁は常日頃から囲碁や連歌で頭を鍛え、狩りで足腰を鍛錬していたことが分かる。しかも、信繁は兵書を読んで軍学を学び、戦巧者である父昌幸との問答を通して実戦の生きた戦術を学んでいたということになる。

後の大坂の陣での信繁の活躍はこの長い流浪の生活の中で熟成されたものであったのだろう。

そこには、赦免後にもう一度戦場に立って思い切り戦いたいという信繁の悲願を感じさせる。

信繁も目の前の平穏な生活をただ満喫して一生を終わるつもりなどなかった。名将真田昌幸の子としての血がそれを拒み続けたのであろうか。信繁も父と同じく戦人として死んでいくという道を選びたかったのであろうか。

だが、それはまさに、ただ老いていくだけの自分、そして赦免という希望を失い萎《な》えてしまいそうになる弱い心との壮絶な格闘でもあったろう。それには想像もできないほどの大変な忍耐と根気がいったはずである。

しかし、それも赦免という希望があってこそ我慢できたことであった。

信繁も父昌幸と同じく赦免の日を待ち望んでおり、その日のために毎日厳しい鍛錬に励んでいた。

特に、父昌幸が死んだとき、信繁は一縷の希望を持ったはずである。

信繁は父の死にあたって出家し「好白斎《こうはくさい》」と名乗っている。これも赦免を前提にして徳川家に恭順しているという意思を表すためであった可能性もある。

赦免の望みを絶たれた信繁

だが、昌幸は最後まで「公儀にはばかる人」とされ、父に従ったその二男も同罪とされた。そのことにより、信繁の一縷の希望も砕かれてしまった。信繁に赦免の日など訪れることはなかったのである。

しかも、昌幸の死にともない、多くの家人は上田に帰り、家臣はたった三人になってしまった。昌幸は真田家の当主であったが、信繁は二男でしかないのである。その扱いに差があるのはやむを得なかった。

「こちらの冬はすべてが不自由で、いっそう寂しく思います。この様子をお察し下さい」

「私のうらぶれた様子は使者がお話しすることでしょう。もはやお目にかかることはないでしょう」

「とにかく、年をとってしまったことが残念で仕方がありません。去年から急に老け込んで、病身になってしまいました」

信繁は姉婿に宛てた書状の中で自らの境遇をこう述べている。

そこからは、もう、赦免の希望を失い人生を半分諦めかけていた信繁の心情が感じられる。しかし、それでも信繁は歯を食いしばっておのれの運命に必死に抗おうとしていたに違いない。

このまま何もしないまま朽ち果ててしまったら、いったい自分は何のために生まれてきたのか。たった一つしかない人生をこのままの形では絶対に終わらせたくない。信繁のそんな心境が伝わってくるようである。

ただ、そんな絶望感の中にあって、信繁は兄信之の家臣と思われる河原左京という人物に焼酎の無心をしている。

信繁はその書状で「この壺に焼酎をつめてそれを給わりたい。今切らしているならば、ある時でもよろしいから是非お頼みします。壺の口をよくしめて、そのうえ紙を貼っておいて下さい。報せがあれば取りにうかがいます。（中略）どうか、壺二個の焼酎をお願いします。もし、ありましたら、この他にもいただきたいと思います」と述べている。

そこには信繁が焼酎を愛し、心からそれを大事にしていた心情がにじみでている。信繁は何もせずに朽ち果てていく自分を忘れるためにただただ焼酎を飲み続けていたのであろうか。それとも、酒を飲んで何もかも忘れて、明日に希望を見出そうとしていたのであろうか。

家康の思惑

そのころの信繁の心を支えていたのは、大坂の豊臣と家康との間に一発触発の不穏な空気が流れ始めているという情報であったのかもしれない。

もし、両者の間で合戦にでもなれば、再び、自分にもチャンスが訪れるかもしれない。それは強烈な思いとなって、信繁の心を突き動かしていたことだろう。

このころ、家康は七十歳近くなり自らの寿命の限界を感じ始めていた。もし、今自分が倒れてしまったら。そう思うと、今どうしてもやっておかなければならないことがあった。それは、豊臣家の処分である。

確かに、今や徳川家は将軍家となり江戸に幕府を開き、実質的に全国の大名たちの頂点に立っていた。しかし、それはあくまでも家康という実力者が生きているがゆえのことであった。自らが死ねば、再びの戦乱の世が訪れるかもしれなかった。そして、その火種となるのが豊臣家、そして戦巧者の秀吉が精魂込めて築いた日本一の堅城大坂城の存在であった。

もし、反徳川勢力が秀頼を擁し、大坂城に立籠って戦うことにでもなれば、再び天下は二つに割れ、戦乱の世に逆戻りする可能性が残っていた。

関ヶ原の合戦で活躍した豊臣系の大名は大きな所領を持ってまだ西国を中心に君臨しているし、その中には加藤清正や福島正則のような、いまだに豊臣家に強い忠誠心をもつ大名もいた。

秀忠、二代将軍になる

家康は慶長十年(一六〇五)四月、将軍職を早々に秀忠に譲った。その秀忠の将軍宣下の儀式は京で大々的に行われた。

『当代記』によれば、将軍宣下のために上洛した大名たちは関東、甲信越、奥羽など東国の大名を中心に十万余で鉄砲千挺、鑓《やり》千本、弓五百張の武具が勢ぞろいしたという。

これは源頼朝が千余騎の騎馬武者を従えて京に入ったという故事にならったものであっ

た。そこでは、将軍の力の大きさを天下に見せつけることに大きな意味があった。

これについては、当時上方に滞在していた島津藩士がその日記の中で「右大将殿御上京、昔頼朝の京入りの例を引き候て也。大坂には御ひろい様(秀頼)御用心也」と述べている(岡本良一『大坂冬の陣夏の陣』)。

家康はわずか二年で将軍を秀忠に譲り、将軍職は徳川家の世襲であることを天下に宣言した。

この日記に「御ひろい様御用心也」とあるように、まさに将軍の京入りは、天下はもう事実上徳川の手中におさまっていることを示す儀式でもあった。

家康は秀吉の二の舞を踏むことなく、自らが生あるうちに、まだ元気なうちに徳川家の磐石な基盤作りをやっておきたかった。

だが、一方で家康は自らの将軍就任の時と同じく同時に秀頼を右大臣に昇進させた。そこでは、秀頼を公家として昇進させていったわけであるが、家康はこのころは豊臣家を最終的には権力を持たない象徴的な立場、後の高家(江戸幕府の典礼を司る名家)のような存在として残すつもりで考えていたのかもしれない。

秀忠の将軍就任に際し、家康は秀頼の上京を促したが、淀殿らは「達て其の儀に於いては、親子共に自害あるべき」(『慶長見聞録案紙』)と自害をほのめかして反対し実現はしなかった。

秀頼が上京して秀忠のもとに伺候したとなれば、それは豊臣家が徳川家の下につくことを意味する。それを大坂方は拒否したのである。

また、将軍職の世襲は、もう天下は徳川家から豊臣家に移ることなどないということを明らかにしたともいえる。

そんなことから、大坂方は家康が秀忠に将軍職を譲ったことに大きな警戒感と不快感をもったのである。

家康はこのとき、自らの名代として六男の松平忠輝を大坂城に派遣し、秀頼に面謁させた。淀殿・秀頼の感情に配慮を示したのであろう。家康からの使者を迎えた秀頼は大いに喜んだというが、家康はそうして時間稼ぎをしながらも、その裏では言うことを聞かない大坂方の処置を考え始めていたことであろう。

家康、誓書を出させる

慶長十六年(一六一一)になった。家康はこのころまでに大坂包囲網として近江膳所城、彦根城、丹波篠山城、伊賀上野城などを築かせていたが、その総仕上げともいうべき尾張名古屋城の築城を急がせていた。

この名古屋城築城に際しては大坂の秀頼にも手伝い普請の命を出したが、一蹴されている。家康は慶長十二年（一六〇七）にも自らの隠居城となる駿府城の手伝い普請を大坂に要請している。これを大坂方が蹴ったことはいうまでもないが、家康はこうして大坂にゆさぶりをかけ、主従の逆転という現実を知らしめようとしていたことが分かる。

これに対して、淀殿の反発は特に激しく、前年の慶長十五年（一六一〇）には、家康に対する反感を書に綴って加賀の前田利長（利家の嫡子）に送り、応援を求めたほどであった。

しかし、利長はこのことを家康に直ちに通報し、今は徳川家の恩に報いるばかりであると述べている。このことを知った家康は、大坂への最後通牒《つうちょう》を出すべき時が近いことをひしひしと感じたことであろう。その意味で、もうこのころから、大坂の陣の伏線は始まっていたといえる。

三月、家康は駿府を発って太政大臣補任のため上洛した。だが、家康は太政大臣補任の勅許をもってきた勅使に補任を固く辞し、徳川家の祖である新田義重への鎮守府将軍、亡き父広忠への大納言の贈官だけは受けた（『上杉家御年譜』）。

この六日後、秀頼は大坂から二条城に入り、家康と面謁した。秀頼が家康のもとに自ら出向くというのは、これが初めてのことであった。

『大坂御陣覚書』によれば、家康は自らが七十歳になったので、自分の代に大坂方を鎮めることを考え、秀頼と二条城で対面するため、秀頼に上洛するように要請したという。ただ、家康は上洛の表面上の理由を御陽成天皇の譲位に関することとした。家康は淀殿の叔父にあたる織田有楽斎を大坂城に派遣し、その旨を伝えたが、大坂方は「秀頼に会いたいというのなら、家康の方から出向くのが筋であって、こちらから出向く必要はない」と一度ははねつけた。

だが、ここでこの申し出を断ると徳川家と不和になり、合戦にも発展しかねないとの危惧を抱いた秀頼側近の片桐且元や加藤清正、浅野幸長などの豊臣恩顧の大名たちが、それを必死で説得した。

加藤清正にいたっては、自らが秀頼の安全を保証するとまで言って、淀殿を説得したという。そんないきさつがあって、初めて家康と秀頼との対面が実現したのであった。

そして当日も秀頼には叔父の織田有楽、側近の片桐且元、大野治長らがお供をし、そこに加藤清正、浅野幸長らも同席している。

豊臣秀頼像
（東京藝術大学 大学美術館蔵）

『当代記』によれば、この対面の席上、家康がまず盃を飲み干し、その盃を秀頼に与えたという。また、家康からはそこで秀頼に大左文字の腰刀、脇差、鷹、馬などが進呈され、秀頼からも御礼に一文字の腰刀、左文字の脇差などが進上されている(『本多正純書状』)。これはまさに、主従の逆転が行われたことを意味する。この会見は何事もなく穏やかに無事終了した。

当時上方にいた宣教師の記録によると、このとき家康は秀頼を殺害する計画を立てていたという噂が巷《ちまた》には流れていたという。『当代記』によれば、この二人の対面を知った「大坂の上下万民の儀は申すに及ばず、京畿の庶民の悦びただこの事なり」と、これで東西の合戦は回避されたと大いに喜んだ。彼らはもうすでに合戦に備えて荷物を運ぶ準備までしていたというから、世の民衆は家康と大坂との不穏な空気をこのときすでに感じていたのであろう。

さらに、初めて大坂城を出た秀頼を一目見ようと、淀川に大群衆が船で殺到したという。

さて、家康はこの会見が終わると、主従の逆転を見届けるかのように、その半月後、近畿、中国、四国、九州の西国諸大名を伏見城に集めそこで三ヶ条を示し、連判の誓書を提出させた。

その三ヶ条とは

一、源頼朝以来の法式を奉じ、また新たに仰せ出された御目録を守るべきこと。
一、諸侍の内、法度にそむき、上意に違うものがあったら、その国々に隠しおくべからざること。
一、抱えおく諸侍の内に、もし叛逆人・殺害人の届がある者があったら互いにこれを抱えおくべからざること。

というものであった（『上杉景勝伝』）。

この三ヶ条の内容そのものは特別なものではないが、一条にある「源頼朝以来の法式を奉じ、また新たに仰せ出された御目録を守るべき」とはまさに頼朝以来の武家政権がここに復活したことを宣言し、そこから出る法令を遵守することを命じている。

さらにこの条目に対し諸大名に連判の誓詞を提出させたということは、その武家政権の頂点である徳川将軍への忠誠を誓わせたということになる。

それは、諸大名の主は武家政権たる徳川将軍家であり、豊臣家ではないということをここであらためて確認させたということである。

家康は秀頼との会見、そこでの主従の逆転を秀頼に確認させたこの時点でいよいよそれを諸大名に宣言したのであった。

待つだけ待った家康

二条城での会見から、三年の月日が経った。

だが、齢七十を超え、当時としてはかなりの高齢でいつ寿命が尽きるか分からない家康にとって、それは長い長い月日であったに違いない。

二条城で秀頼は主従の逆転を理解したはずだと思っていたが、三年経っても家康と大坂との間には何の変化も起きなかった。

相変わらず、大坂は家康を天下人とは敬わず、その下につくことを拒み続けていたのである。それは家康にとって時勢をわきまえない歯がゆい出来事であったに違いない。

かつて、伊達政宗は関ヶ原合戦の翌年の慶長六年（一六〇一）茶人の今井宗薫《そうくん》に宛てた書状の中で「秀頼を大坂城にふらりと置いておくと、いつかよからぬ者が出てきて秀頼をかついで謀反を起こすことになりかねない」として、秀頼を家康に預けて二、三ヶ国でもあげて大名に取り立ててもらうのがいいと述べているが、それはまさにここで現実のものになろうとしていた。

家康はここまで事を荒立てずに、大坂方に何度もそのシグナルを送ってきた。が、今日まで大坂方はそれに何の反応も示すことはなかった。

だが、もう、家康は自らの寿命を考えると一刻の猶予《ゆうよ》もできなかった。自分としてはもう待つだけ待ったのである。

さらに、このときまでに、浅野長政、堀尾吉晴、加藤清正、池田輝政、浅野幸長、前田利長らのかつての豊臣恩顧の大名が次々と死んでいったことも、家康にとって大坂攻めの環境がいよいよ整ったことを意味していた。

特に加藤清正は慶長十六年（一六一一）の家康と秀頼との対面が無事に終わったことを大変喜び、九州肥後に帰る途中に突然体調を崩し、その三ヶ月後に五十三歳という若さで突然死んでいる。さらに浅野長政は加藤清正の二ヶ月前、堀尾吉晴に至っては清正と同じ月に亡くなっていることから、家康の重臣平岩親吉による毒殺説もささやかれているほどであった。

方広寺鐘銘事件

慶長十九年（一六一四）七月二十一日、『上杉家御年譜』によれば、この日京都所司代の板倉勝重が秀頼の側近片桐且元に「今度東福寺の清韓長老が書く所の大仏鐘銘、家康の心慮に応ぜず。是に怒り給うにより、今日供養の事延引あるべき旨申し送る」と言ってきた。

また、家康の駿府城時代の記録ともいうべき『駿府記』によれば「大仏鐘銘、関東不吉の語、上棟の日、吉日にあらず。御腹立ちと云々」とある。

「大仏鐘銘」というのは、京都東山阿弥陀が峰、つまり秀吉の墓所山麓に造営された方広寺大仏の梵鐘の銘のことである。

方広寺鐘銘（白い部分が「国家安康」「君臣豊楽」）

もともと方広寺は秀吉時代に建てられていたが、慶長元年（一五九六）の大地震で崩壊したため、秀頼の手で再建が進められ、慶長十七年（一六一二）に大仏殿が完成し、慶長十九年四月十六日に鐘を鋳造していた。
そして、家康の承認のもと大仏の開眼供養を八月三日とすることが決まっていたのである。
『駿府記』には家康が「伝長老・板倉内膳両人これを召す」とあることから、家康は金地院崇伝、板倉重昌を呼んで「鐘の中に不吉な文字がある」と言い出したことが分かる。

ここで家康が難癖をつけた鐘銘の文字とは「国家安康」「君臣豊楽」という一見何の問題もない言葉であるが、家康はこれに「家康を『安』の字で切っている」「豊臣家だけが栄え楽しむとはどういうことか」と怒ったというのである。

ここまでくればもうこじつけも甚だしいいいがかりというしかないが、家康はそれを当代随一のインテリといわれた京都五山の僧たちにごていねいにわざわざ尋ねて、その読み方が不当でないことを確認させたのである。

彼らとて内心はその解釈が幼稚極まりないことを分かっていたのであろうが、彼らは意地もプライドも捨てて権力者家康におもねってしまったのであった。

五山の僧が確かだといえば、それ以上の学問的証明はない。そこで、秀頼は弁明のために片桐且元を駿府の家康のもとに送った。

ただ、当時のイエズス会年報によれば、方広寺の開眼供養に秀頼が上洛した間に家康が大坂城を攻めるという計画が大坂城に洩れて上洛が中止されたとあり（松田毅一「在日欧州人はどちらにかけたか」『歴史と人物　全貌大坂の陣』）、家康はもうこの時点で様々な手段を使って大坂方を追い詰めようとしていたことが分かる。

宣戦布告

さて、家康は片桐に会おうとはせず、家康の側近本多正純と金地院崇伝が且元に会って、鐘銘の件と大坂に牢人が集まっていることを詰問した。

且元が何を言っても初めから聞く気などない彼らはのらりくらりと弁明を聞いていたが、やがて本題とばかり、

一、淀殿を人質として関東に下す。
一、秀頼の江戸参勤。
一、秀頼が大坂城を出て他の地に移る。

という要求を突然大坂方に突きつけたのであった。

しかも、一方で、淀殿の使者として駿府に来ていた大蔵卿局には家康自らが会い「何も心配することはない」と伝えた。

そこでは家康は片桐且元とはまったく正反対の対応をしたのである。

それと同時期に幕府は諸大名から再び三ヶ条の誓書を取った。それは

一、家康、秀忠の両御所様に対して裏切らないこと。
一、上意にそむく者とは手を組まないこと。
一、法度にそむかないこと。

というものであった（小和田哲男編『関ヶ原から大坂の陣へ』）。

これはまさにこれから始まるであろう秀頼との一戦を想定したものであることは疑いない。諸大名の中には豊臣恩顧の大名もおり、さらには毛利、島津、鍋島などの西国大名は関ヶ原では豊臣方についた経歴をもっていることから、家康は彼らに最後の釘を刺したというか駄目押しをしたのである。

片桐且元は先の三ヶ条をもって大坂に帰り、このどれかを選び徳川家と和平すべきと主張した。また、同様に大蔵卿局も家康の言葉を淀殿に伝えた。両方の話はまったく正反対であった。

このような場合、耳にやさしい言葉を取りたくなるのが人の常というものである。そこで片桐且元は家康の手先となって大坂を陥れようとしていると疑われてしまい、最後には命まで狙われる始末であった。

これについて、当時日本にいたヨーロッパ宣教師は『日本西教史』の中で「家康は、大坂方を陥れ、天下を徳川家のものにするため片桐東市正《いちのかみ》(且元)と謀略を為した」と述べ、この一連の事件は家康と片桐且元の謀略であるという見方をしている。

『駿府記』によれば、片桐且元はこの間の事情を書状にして家康に知らせているが、それによると且元の話を聞いた秀頼と淀殿は不快感を表し、これが元で且元を殺すつもりであるとの話を伝える者があったので、出仕をやめ引き籠っているということであった。これを聞いた家康はいよいよ立腹したという。

だが、これはまさに家康の筋書き通りの展開であったことはいうまでもない。家康は大坂攻めの口実が一つでも多く欲しいため、このような手の込んだ演出をしたのであろう。

片桐且元から聞いた家康の三ヶ条について、秀頼は島津家久への書状の中で「この儀一カ条も同心ならぬ事に候」(『薩藩旧記雑録』)と述べ、家康の要求は断じて受け入れられないとの決意を披瀝《ひれき》している。

ここまでの経過は、かつての上杉征伐の構図とまったく同じであることが分かる。家康は秀頼に、屈服するか、それとも自分と戦うかどちらかの道を選ばせたのである。

家康出陣

十月になると大坂方に不穏な動きが出てきた。

大坂城の城壁を堅固にし、堀を深くし、関ヶ原の合戦で禄を失った牢人たちを雇い入れ、籠城の謀を行うようになったのである。さらには東国に収納される予定の米が大坂に入ってくるとそれを押さえた。

このことを知った京都所司代板倉勝重は大坂に使者を送り「秀頼が兵を挙げるという噂があるが、これらの米はその軍用か、そうでなければこちらに渡すべし」と詰め寄ったので、大坂方は恐れてすぐに米を船に積み伏見へ送ったという(『上杉家御年譜』)。

また、大坂方は和泉堺の商人で茶人の今井宗薫が家康の恩顧となり大坂にそむいたということで、家を没収し、宗薫を捕らえてしまうという事件をも引き起こした。この知らせも板倉より届いていた。

さらに秀頼の命令で大野修理《しゅり》、青木民部、木村長門らが片桐且元を殺そうとしたことが本多正純と板倉重昌から家康に詳細に伝えられ、これを聞いた家康が「御腹立ち甚だしく、大坂に出馬の由、近江、伊勢、美濃、尾張、三河、遠江、仰せ触れらる」という事態になったという(『駿府記』)。

家康はやっと出陣の口実を作ったというわけである。

このころ、秀忠は諸大名に命じて江戸城外郭の石垣普請を行っていたが、大坂攻めが急に決まったため、工事の中止を告げ、諸大名に早急に支度を整え大坂に向けて出陣するよう告げた。

これらのことから、大坂攻めは事前に秀忠と協議することなくまったくの家康の独断で進められていたことが分かる。秀忠は将軍といってもその実権のほとんどは家康が握っていたということであろう。

ただ、別の観点からみれば、家康はかつての主君秀吉の遺児であり、また自らの孫娘の婿でもある秀頼を討つというある意味でダーティーな役を自らが引き受けて秀忠に傷を付けないようにしたともいえる。

十月十一日、家康はついに軍勢を率いて駿府を出発し、二十三日に秀忠も大坂に向けて出発した。大坂の陣が始まった。

このとき、秀忠は行軍の速度を速めると同時に途中で家康に何度も使いを出し、自分が到着するまでは絶対に戦を始めないようにと懇願している。また、藤堂高虎への書状の中でも「少しでも早く上洛したい」と述べている。

関ヶ原での遅参がよほどトラウマになっていたのであろうか。それとも、現将軍としての威信にこだわったのであろうか。

秀忠はこのとき江戸から伏見までを十七日間で駆け抜けた。秀忠があまりに急いだため、初めは二百五十人ほどいた秀忠付きの侍が最後にはわずか三十四人になってしまったという。秀忠がいかに急いだかが分かる。

北政所と大坂の陣

この大坂の陣に至るまで豊臣家を守ろうと必死な努力を続けたのが、秀吉の正室であった北政所であった。

『舜旧記』によると、慶長十年十月、北政所は側近の孝蔵主を伴って大坂城を訪れ、二十八日間滞在している。さらには、大坂城から戻ると再び孝蔵主を大坂城に遣わしている。

この間、秀吉を祀る豊国社では月例祭があったが、北政所はそれを欠席してまでも大坂城に行かなければならない出来事があったのである。白川亨氏はこの事件について、北政所が大坂城の淀殿の説得に赴いたとする。

北政所は関ヶ原合戦では豊臣家を守るため蜂起した三成ら西軍を支持し、秘かに家康に敵対したが、その後、秀忠が将軍になり、徳川家の天下人としての基盤が磐石になったことを認めると、今度は豊臣家の存続のみを強く願うようになった。たとえ家康の意にしたがって、豊臣家が徳川体制の中で一大名となろうとも、それを受け入れて豊臣家を守りたかったのである。

しかし、淀殿はそれに真っ向から反対して北政所の言葉に耳を貸そうとはしなかった。そこで、北政所は再び大坂城に孝蔵主を送って淀殿を説得させたのであった。だが、それでも淀殿の態度は変わらず、説得は失敗に終わってしまった。

そこで、北政所はあれほど接触することを嫌っていた加藤清正、福島正則らにも接近しようとする。北政所は彼らを通して自分の意思を家康に伝えたかったのであろう。彼らは当時家康の命を受けて北政所の寺である高台寺の建立に協力しており、それだけ意思の疎通が取り易い状況にあった。

そして、そのことは家康の知るところとなり、家康は高台寺が完成すると北政所を訪問している(『鹿苑日記』)。

そこで何が話し合われたのかは、定かではないが、当然、話題は豊臣家の存続に関することが中心であったろう。家康もできれば手荒いことをせずに、平和裏に事を進めたかったに違いない。ここでは二人の気持ちは通じあったはずである。それゆえ、家康は北政所に大きく期待をしたことであろう。

家康はそれからも、大坂の秀頼に名古屋城の手伝い普請の要請や二条城での会見での主従の逆転などいくつかのシグナルを出して返事を待ったが、大坂方はそれに何も応えようとはしなかった。

ここに、北政所が悩み奔走したことが、すべて無に帰すことになったのである。

しかも、関ヶ原では家康方として豊臣家を追い詰めた加藤清正らに接触しようとする北政所の姿に、それまで側近として彼女を支えてきた孝蔵主さえもが、そのもとを去っていくという悲しい事態までが訪れることになる。

それでも、最後の最後まで北政所は豊臣家の存続を願うしかなかった。

以上のことは、『石田三成とその子孫』(白川亨)に詳しい。

そんな状況の中、信繁は紀州九度山でじっと大坂の状況を見守っていた。

失敗に終わった大名勧誘

だが、家康と戦をしようにも豊臣家はもはや天下人ではなかった。

そこには難攻不落の大坂城はあっても、それを守る独自の軍隊など持ち合わせてはいなかった。そこで、豊臣家はかつての豊臣系大名に密書を送り協力を要請したが、誰一人としてそれに応える者などなかった。

例えば、かつて豊臣秀吉より秀頼の傅役《もりやく》として期待されていた前田家は「亡父利家が大坂城に詰めて秀頼公をお守りし、自分も関ヶ原では秀頼公に不都合なことをしておりません。これで故太閤様への恩返しは十分に済んだと思っております。その後は徳川家のお陰で三国の太守になっており、今はそのご奉公しか考えておりません」と返信を出し、その旨を家康に報告したという（『大坂御陣覚書』）。

また、関ヶ原で西軍についた島津家の当主家久は「家康様は遺恨を捨てて島津を赦免してくれた。故太閤への御奉公は一度済んでおり、家康様に背くことは思いも寄らない」という書状を大坂の大野治房に送り、大坂から送られた正宗の銘刀も送り返した。

この前田や島津のように大多数の大名は、秀頼からの書状やそれを拒絶した自らの書状の控えを家康に提出することで、家康への忠誠心の証とした。中には池田利隆のように、大坂方の使者を捕えて家康に送った者までいた。彼らは家康に疑われることを恐れてそのような行為に出たのであった。

そうした中、福島正則までもが「（使者に）会っても言葉もないので対面には及ばず、使者にも面会しない」と言って大坂からの使者を追い返した。

この福島正則は慶長十三年（一六〇八）、秀頼が重い疱瘡《とうそう》を患ったとき、他の大名たちが家康の目をはばかって秀頼の見舞いに来ない中、ただ一人大急ぎでかけつけ秀頼を熱心に看病したというくらい大坂方に好意を示していた武将であった。その福島さえこのていたらくであった。

かつての豊臣系大名に対して豊臣家が行った協力要請活動は、まさに時代錯誤以外の何ものでもなかった。

だが、その後、福島正則は大坂屋敷にあった八万石の米を秀頼に奪われてもそれを黙認したり、『当代記』によると、戦いが始まると秀頼に寄せ手からたくさんの生鮭が送られるなど、彼ら豊臣系大名も面従腹背的な一面を見せている。

大坂入りを決めた信繁

大名たちの協力が得られないことを知った豊臣家は、今度は関ヶ原の合戦で西軍についたり、その後の改易などで主家の没落にあったりして現在牢人となっているかつての著名な武将たちを大坂に招き、彼らに部隊の指揮官となるよう要請を行った。

その主な顔ぶれは、土佐二十二万石の元当主長宗我部盛親、豊前四万八千石の元大名毛利勝永、伊勢桑名二万二千石の元城主氏家行広、宇喜多秀家の元重臣明石全登《てるずみ》、信州深志八万石の元城主石川康長、黒田長政の元重臣後藤又兵衛基次、細川忠興の二男興秋、かつての奉行増田長盛の子の盛次、同じく大谷吉継の子の大学吉治らであった。彼らはみな歴戦のつわもので実戦経験も豊富な者たちであった。

幸い、豊臣家には秀吉が残した莫大な金があった。それは彼らを招き入れるのには十分な資金となった。

さらに『吉川家文書』には、「城中の事、頭分の牢人衆下々に又牢人を抱え置き候。其の外に百姓なども来年のいつの比迄《ころまで》と約束致し候て、山越え候て籠り候間」とあり、近在の百姓たちも大坂から金をもらって大坂城に入っていたことが分かる。大坂方はとにかく一人でも多くの兵を必要として、金銀にものをいわせて百姓までも召集していたことが分かる。彼らは雑兵として部隊を構成する大事な者たちであった。

また、『翁物語』には「大坂の人数は諸国の寄合者にて証拠なき者共、金銀沢山に給わるにつき集まり来る、いかでか一戦になるべきや」とあり、大坂城は諸国から金銀目当てで集まった素性の怪しい者ばかりで、彼らが戦力になどなるはずはないとし、彼らの中には金子を受け取るとさっさと逃げ出してしまう者もいたということを伝えている。

事実、このようなこともあったことだろう。

そしてその豊臣家からの要請が紀州九度山の信繁のもとにも訪れた。信繁に戦人として人生最後の命を燃やす場が与えられたのである。

『武林雑話』には「秀頼公より大野修理亮治長承りにて、御頼み有り」とあり、信繁のもとには秀頼の命を受けた大野治長の使者が来たようである。

赦免の望みがまったく絶たれた信繁にとって、それはまさに天からもらった最後の自分らしく生きるチャンスであったろう。

また、それは、赦免の日をひたすら待ち望み、九度山で朽ち果てていった父昌幸に代わって真田の名をもう一度天下に轟《とどろ》き渡らせるチャンスであり、さらには、関ヶ原で無念の最期を遂げた義父大谷吉継の仇討ちとなる戦いでもあった。

豊臣家は信繁に黄金二百枚、銀三十貫という莫大な支度金を用意し（『駿府記』）、さらには五十万石の大名への取り立てをも約束したという。

信繁がこの申し出を快諾したことはいうまでもない。

九度山脱出

信繁にとっての大きな課題は、九度山をどうやって脱出するかということであった。

当時、紀州（和歌山県）はかつての豊臣系大名浅野家の領地であり、幕府の命を受けて信繁を監視していたのも浅野家であった。浅野家は地域の有力者である庄屋や年寄たちに命じて信繁に監視の目を光らせていた。

特に、豊臣家と徳川家との間の空気が不穏になってからは、浅野家からは近隣の土豪たちにまで信繁の監視を強化するように指令が出ていたという。

『武林雑話』によれば、信繁は高野山の門主や衆徒からも監視されていたというから、周囲はすべて監視の目が光っていたことは事実であろう。

『武辺咄聞書』によれば、信繁は脱出に際して九度山付近の庄屋、年寄、百姓たちを集めてごちそうを振舞い、彼らが酒に酔いつぶれて寝込んだ隙に脱出したといい、『山下秘録』によれば、昌幸の八回忌にあたることから、法要を行うとして周囲の人を油断させ脱出したといい、『幸村君伝記』によれば、あらかじめ高野山の間道に目印をつけておき、それを目印に脱出したという。

これらの話のように簡単に脱出できたとはとても思えないが、少なくとも、信繁は浅野家や近隣の土豪、百姓たちの監視の目をうまくかいくぐって脱出したことだけは事実であろう。

『幸村君伝記』には、その後、信繁の脱出を知った浅野の兵が信繁の住んでいた家をすき間もなく取り囲み、捜したけれども信繁らはまったく見当たらなかった。そこで周辺の住民を集め、信繁の行方を聞くと皆が「三日以前に何国ともなく立除《たちの》きし」と答えたという。だが、実際はまだ信繁が脱出して何時間も経ってはいなかった。

これなどは彼らが信繁の脱出に見て見ぬふりをしたことをうかがわせる。彼らは信繁に対し積極的な応援こそできなかったが、見て見ぬふりをすることで信繁の脱出を助けたのではなかろうか。

また、信繁と共に九度山を抜け出して大坂に行ったメンバーの中には田所庄衛門ら九度山付近の村々に住む地侍が加わっており(『九度山町史』)、さらには、九度山の猟師や土豪が多くいたとされることから、彼らは信繁を慕って命がけで信繁に従っていったことが分かる。

『幸村君伝記』には「年頃情けふかくおはしける故に、心なき土民迄も斯《かく》いたはり申しける」とあるが、これらのことは、信繁が常日頃から彼ら地侍や百姓と幅広く接し、そこで互いに人情を通わせ合い、彼らの心をがっちりとつかんでいたことを何よりも示している。

彼らは信繁の人柄を愛し、その生き方に心から賛同し、自らの命の危険も顧みず信繁についていったのである。

『真武内伝』によれば、九度山脱出の際、信繁は手勢百三十人を引き連れていったというが、こんなに大勢の人数を連れていけば目だってしまうことから、信繁自身はせいぜい数人で脱出し、後からそれについて来たのであろう。そして、そこには「大方は信州から来る」と記されていることから、真田家の旧臣たちや真田家縁故の者たちも信繁を慕い駆けつけてきたことが分かる。

これらのことから、信繁は彼らに命を賭けさせるほどの魅力ある人物であったことがうかがえる。信繁は彼らの心を引き付けてやまない何かをもっていたのであろう。

そして、信繁は九度山でもそんな彼らに支えられて今日までやってこれたのであった。

真田信繁奉納六連銭の旗
（志紀長吉神社蔵）

家族を守らなければならなかった信繁

しかし、一方、信繁の九度山脱出、そして大坂入城は愛する家族とのある意味永遠の別れを意味していた。さらに、信繁が掟《おきて》を破って大坂に入ったことにより、家族も無事ではいられなくなる。おそらく信繁は家族が追手の詮索から逃れられるように、どこか安全な場所に避難させたはずである。

信繁はただ自分だけの夢のために家族を犠牲にするわけにはいかなかった。脱出する時も、愛する家族を守ることを懸命に考えたはずである。自らが大坂入城を果たした後も、家族の無事だけが大きな気がかりであったことだろう。

こんなエピソードがある。

信繁が夏の陣で壮絶な最期を遂げた十日後に、信繁の妻と五女のあぐりは浅野家の捜索を受け、紀州伊都郡の潜伏先で三人の家臣に守られているところを捕らえられているが、妻はそのとき黄金五十七枚(五百七十両)という大金を所持していたというのである。

これは、信繁が秀頼から拝領した黄金の約四分の一にあたる。

信繁は、自分がどうなっても、その後の生計が成り立つように残された家族に十分な黄金を残していたのであった。

ここにも、信繁の細やかな家族への愛情を見ることができる。

ちなみに、このとき捕らえられた信繁の妻と五女あぐりは、後に信繁の父昌幸の娘婿に保護されたという。

大坂入城

そのころ上方は騒然とし、大坂周辺は『森家先代実録』によれば「人馬満々宿々湊、あるいは山取り、神武以来かく武士の集りたるを聞かず」というほど合戦のための大量の人馬であふれかえっていた。

さらに『山本日記』によれば、「諸国ヨリ大坂へ上リタル売米共、御城買籠ル、米値段高ク成り」と大坂方が城に入れる米を買い付けたため、米価が十倍にも高騰し、多くの庶民は米ぬかを食して飢えをしのぐ有様であった。

また、『言緒卿記《ときおきょうき》』によれば、京都の人々はこれから始まる戦に備えて禁中の御所の中に争って物を持ち込み、その数があまりにも多いので京都所司代板倉勝重はそれを禁止せざるを得なかったという。

そんな騒然とした状況の中、信繁は大坂城に入城した。

『武林雑話』によれば、大坂城に入城するとき信繁は山伏の姿をしていたという。信繁が大野修理への取り次ぎを依頼すると、奏者は信繁のいでたちに不審をもち、番所の脇に連れていって、他の若い武士たち十人ばかりで信繁のもっていた刀・脇差の目利きをした。

するど、脇差は貞宗、刀が正宗という名刀ばかりだったので、いよいよ皆が只者ではないと怪しんでいたところに、登城していた大野修理が帰ってきて、その話を聞き、信繁がついにやってきたと喜び、信繁の前で手をつき、畏まり「お越し下さるとは聞いておりましたが、早々のお出でに大変満足しております。このことを秀頼公のお耳に入れたいと存じます」と城へ使いをやり、信繁を書院に通し、ご馳走したという。

『大坂御陣山口休庵咄』によれば、入城後の真田兵の出で立ちは「のぼり、指物、具足、甲、ほろ以下、上下ともに赤一色」であったという。

真田隊の兵は旗や指物はいうに及ばず、鎧兜上から下まで赤一色で統一された一番目立った軍団であった。それこそまさに真田家命知らずの「六連銭」の心意気を示した出で立ちであった。

未曾有の大軍でひしめいた大坂

『幸村君伝記』によると、真田の大坂入城を聞いた家康は「籠城したという真田は親か子か」とわざわざ報告者のいる部屋まで足を運んでいって、戸をガタガタ鳴らして聞き、そこにいた者が「昌幸は昨年の夏、病死いたしました。このたび籠城いたしましたのは子の左衛門佐(信繁)でございます」と言うと、ほっと安堵したという。

家康の頭の中にはかつて謀略のかたまりのような昌幸に手こずった記憶が、トラウマのようにまだ残っていたのだろうか。

また、同書には「信之の嘆願で命まで助けてやったのに、今度も籠城するとは何事か」と家康が怒りに震えたともある。この方が真実に近いような気がする。

『駿府記』にも「関ヶ原で御勘気を受け高野山に引き籠っていた真田源三郎(信繁)が、秀頼から金銀を遣わされ大坂に籠城した」という記述があり、家康周辺が信繁の動向に注目していたことは事実であろう。

さて、大坂城には信繁ら豊臣譜代の家臣三万、牢人衆七万、計十万の兵が参集した。

これに対して、寄せ手の東軍は『義演准后日記』に「日本残らず、前陣後陣に急ぎ供奉す」とあるように江戸に留められた福島正則、黒田長政ら豊臣恩顧の大名を除くすべての大名が参陣した。その数約二十万。

『吉川家文書』によれば「大坂四方明く所これ無く。人のうしろにこれある事にて候」と参陣した大名たちがあまりにも多くいため、四方に空き地がなく、吉川家の部隊が他の部隊の後ろになってしまうという有様であったという。その混雑ぶりが想像できる。

用意周到な家康

家康は大坂城攻めに際してまずその周囲天王寺、茶臼山、今宮ノ下などに付け城を作らせ持久戦の態勢を取った。

また、「家康公仕寄ノタメ、鉄ノ楯ヲ千帖作リテ、諸大将へ分限ニ応ジテコレヲタマハル」(『大坂記』)と、家康は鉄砲避けの鉄の楯を大量に作り、参加した諸大名に配布した。

もちろん諸大名にはそれぞれ鉄砲避けとして多量の竹束を用意させてはいたが、家康はそれに加えて鉄の楯まで用意したのである。

また、『当代記』に「ヲランドヨリ、四貫目五貫目ノ大石火矢召シ寄ス」とあるように、家康はオランダから「四貫目五貫目」の砲弾を飛ばせる威力のある大砲を購入させている。

さらに、イギリスの平戸商館長の記録によると、家康はイギリス人からもカルベリン砲四門とセーカー砲一門、鉛六百本を購入している（松田毅一「在日欧州人はどちらにかけたか」『歴史と人物　全貌大坂の陣』）。

その上、家康は方広寺の鐘銘事件の前年にすでに、オランダから鋼鉄棒を購入し、イギリスにも三千本の鋼鉄棒を注文していたという（松田前掲論文）。

家康は早くから用意周到に準備をし、いざ戦となれば、徹底抗戦、大坂城をつぶすまで戦う覚悟であった。

また、家康はこの戦いのために普段から多くの金銀を貯め込んでいたという。家康はかねてから、秀吉以上に金を貯め込んでおり、吝嗇《りんしょく》であると巷で噂されていたが、そうして貯め込んだ金を今惜しげもなく使ったのであった。

これに対し、大坂方は家康が大砲や鉛を盛んに買い付けている間には何もせず、家康の出陣が決まってからあわててイギリスやオランダに火薬や弾丸用の鉛を注文したという（松田前掲論文）。

島津家久の書状には「町人百姓等城より出候はば、両手の指を切、はたになし、城へ追ひ入れらるる由に候」とあり、寄せ手の東軍は大坂城から脱出してきた町民・百姓を許すことなく、捕らえて指を切り落として城内に追い返すという処置に出ている。東軍の空気は大坂方に味方した者は一人も許さないという気魄《きはく》に満ちていたことが分かる。

信繁、大谷吉治と再会す

『大坂御陣覚書』によれば、信繁には大谷吉継の子の大学吉治、渡辺内蔵助紏《くらのすけただす》、伊木七郎左衛門遠雄《とおかつ》、石川康長らが寄騎《よりき》としてつけられ、兵五千が預けられたという。

ここでは義兄弟である大谷吉継の子の吉治と再会することになった。吉治は関ヶ原の合戦後、戦場からは逃れたが、その後は行方知れずであったようで、十四年ぶりの対面である。吉治もじっとここまで雪辱の機会を待っていたのであろう。二人は再会を喜び合うとともに、力を合わせて敵にぶつかっていくことを誓い合ったに違いない。

また、伊木遠雄はもともと秀吉の近習として仕えていた人物で、このとき信繁と対面して以来、信繁に心酔し、最期まで信繁に付き従う人物である。

これらの人物が信繁をしっかりと支えたことはいうまでもない。

大坂城内では長宗我部盛親、毛利勝永と共に信繁は元大名ということで三人衆と呼ばれ、特別に遇されたという。

第七章　決戦大坂の陣

積極策を提案した信繁

信繁・後藤又兵衛らは、まだ徳川軍が集結し態勢の整わないうちに、大坂城から秀頼自ら出馬して天王寺に打って出て、洛中に火を放ち、信繁らは宇治、勢田に陣を構え、敵が川を渡るのを阻止して戦い、後藤基次、長宗我部は大和路を攻め、この間に豊臣恩顧の大名を大坂に集中し、撃破すべきと主張したが、秀頼の側近の大野治長は「宇治・勢田で敵と戦うという作戦はいかがなものか」と異議を唱えた。

これに対して信繁は「兵法に先んずる時は人を制する事珍しからず。又籠城と云ふは、国中・境目の取合、或《あるい》は後詰の頼み有る時は籠城に利あり。（中略）おめおめと一城に引き籠らば、敵に気を呑まれ、謀略せらるるのみならず、何国誰人が味方に属し、労兵を助け救はんや。終には矢種・玉薬尽き果て、粮米尽き、兵力衰えて、或は降参し、或は内通・反忠して、落城幾程あらん」（『幸村君伝記』）と答えた。籠城というのは、国や国の境目の争奪や援軍がある時は有効であるが、今はどの国の誰が我々に味方して助けてくれるというのであろうか。そんな見込みのない籠城を続けても、敵に足元を見られ、謀略を仕掛けられて、最後は矢も鉄砲の弾も尽き、食料も尽き、降参するか、内部から裏切りが出て落城するだけである。だから、先んじて敵に攻撃を仕掛けることが大事なのだと主張した。

さらに、信繁は「宇治・勢田で防戦すれば、徳川方は川を渡れず、数日も経てば、近国はもちろん中国、四国・九州などの西国に、徳川方は宇治・勢田を渡ることができないで困っていて、そのため、豊臣恩顧の武将が大坂方に投降したとか、裏切った、近い内に大坂城に入城するようだと噂を流せば、動揺して心を変える大名たちも出るかもしれません。小勢で大敵に当たり勝利するには、大河を隔て、計略や謀略を用いて合戦をするしかありません」と訴えた（『同』）。

信繁らはこちらから先に攻撃をかけ、士気を盛り上げるとともに局地戦での緒戦の勝利で徳川軍の出鼻をくじき、そこに参加している豊臣系大名に動揺を与えるという作戦を主張したのである。

小幡景憲の反論

しかし、この信繁らの積極策を退け、大野治長の意見に同調したのが後に甲州流軍学の祖となる小幡勘兵衛景憲であった。

小幡の祖父は、武田信玄に仕え、武田二十四将の一人といわれた小幡山城守虎盛である。武田家滅亡後、名家小幡家の二男で四歳であった景憲を家康が引き取り、秀忠の小姓にしたが、景憲は堅苦しい勤めに嫌気がさし、突然出奔すると諸国を流浪しながら武芸や兵法を学んだという。関ヶ原合戦では、古巣徳川家の重臣井伊隊に属して戦ったが、その後再び牢人していたところを大野治長の目にとまり、大坂城に入城することになったとされている。

だが、『幸村君伝記』によれば、景憲は京都守護職板倉勝重と通じており、城内の情報を聞き出しては、それを秘かに報告していたという。

考えてみれば、もともと徳川家の恩を受けた景憲である。その敵である豊臣家のために命を捨てて戦うわけなどない。事実、この後、景憲は大坂城を脱出して加賀の前田隊に属して城を攻めている。

その景憲は「願はくは要害に籠りて、数年を経るといふ共容易に落城有るべからず。其の内に何ぞ異変なからんや。変出で来らんば、謀如何程の有りなん」(『幸村君伝記』)と言う。がんばって数年も籠城していれば、そのうち、相手方にも異変が起きることだろう。そうなれば、いくらでも謀を起こすことができようとし、「源平の時代より、宇治・勢田を守って勝ったためしはない。そこで負ければかえって味方から寝返る者も出て、敵を利するばかりである」と主張した。

ここで小幡の言う異変とは、家康の寿命が尽きることを意味するのであろうか。

しかし、信繁も引き下がらない。

信繁は「確かに小幡殿の言われることは一理ある。だが、当時とは時代が違う。当時は弓はあっても鉄砲はない。また、太刀、長刀だけで槍はない。そんな時代には川を隔てた戦いは不利であったかもしれないが、今は逆に勝利できるのだ。そう父安房守はよく語っていた。各々よく覚悟を決め、思索をめぐらしてもらいたい」と訴えた（『同』）。

しかし、このとき、大野治長らは小幡景憲の言葉を頑なに信じて、信繁の言葉には耳を貸さなかった。

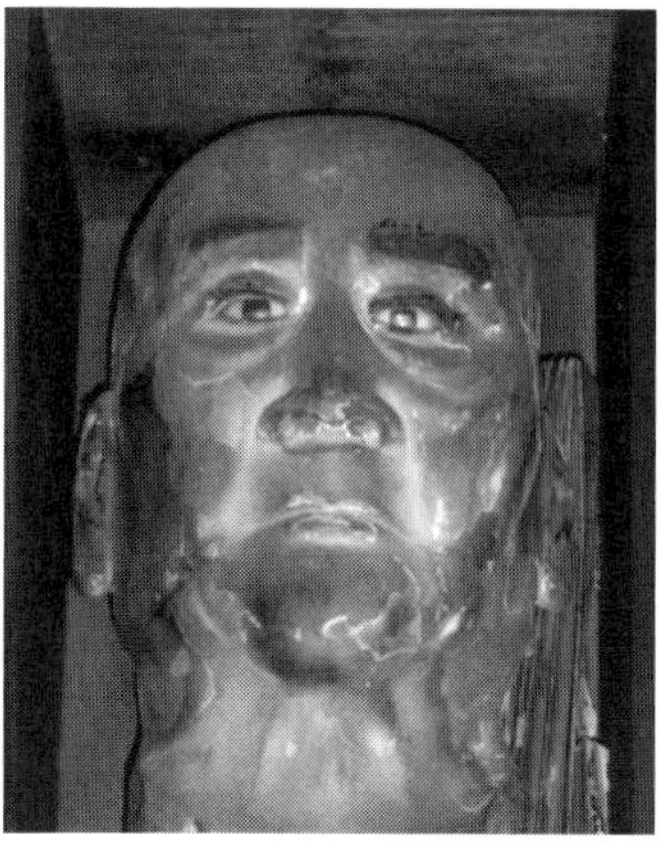

小幡景憲木像
（蓮生寺蔵・厚木郷土資料館提供）

というより、大野らは初めから籠城することを決めており、ただ、それを支持してくれる言質《げんち》が欲しかっただけなのであろう。

大坂方、特に秀頼の身辺には合戦の指揮を取れるほどの器量をもった人物がおらず、そこでは淀殿の寵愛を受けた大野治長が自然に大坂方を代表する形になっていた。この大野治長は秀吉の存命中は八千石の知行を受け、その近臣をつとめ、いくらかは実戦の経験もあったようだが、大軍を率いて戦ができるほどの器量など初めから持ち合わせてはいなかった。そんな治長を相手に大戦の話をしても馬の耳に念仏であったろう。

こうして、ここでは小幡の目論見通りに、大坂方は籠城策を取ることになった。

その後、大坂城に徳川方の大軍が近づいてきたときも、軍議の席で信繁は「将軍が今、天王寺に着陣したようであるが、備えがまだ整っていないうちに、そこを急襲してこれを討つべきである。そうすれば十のうち、七、八は味方が勝利を得ることができる」と主張したが、大野修理治長が「敵が二千、三千ならそのような策も効果があろうが、これは天下分け目の合戦で日本中の軍勢を相手にするのであるから、緒戦で敗れることがあれば士気が喪失し、後の合戦に悪影響を及ぼすだけである。ここは慎重に堅固な城郭に籠って、敵を引き付けて倒すのみである」と相変わらず籠城策ばかりを強調したという(『幸村君伝記』)。

真田丸の構築

『大坂夏御陣御手先勤方余録』に「大坂城は無双の要害で、西北は淀川、東は平野川・

河内川・巨摩川が一つになり、鴫野口でまた淀川・大和川が一つになり、三方は天然の要害だが、唯一南は少し坂があるだけでさしたる要害ではない。そのため、そこに堀を掘り、土居を築き、高津から玉造まで外郭としている」とあるように、大坂城の東、西、北の三方には川があり、そこから攻めるには大軍を渡河させねばならず、それにもたついていると城内から標的にされる恐れがあった。

そのため、寄せ手は川のない南側から攻めてくる可能性が高かった。そこで、大坂城では城の弱点である南方斜面に総構え（外郭）の大きな空堀を掘り、塀、矢倉を設け警戒していた。

大坂方では、信繁の提案を受け、そこをさらに補強するために、平野口に城から突き出すように出丸を築き、そこで敵を引き付けて戦うことにした。さすがに籠城を決めた城側ではこれに反対するものなどいなかった。

それは、『大坂御陣山口休庵咄』によれば、「大坂城玉造御門（二の丸西南）の南、東八町目御門の東に一段高い畑があったところに、三方に空堀を掘り塀を一重かけ、（中略）柵を三重に付け、所々に矢倉、井楼をあげ」という形状であり、『武徳編年集成』によれば「その形は新月に似ている。総構えの外に出ること四十間、まわりに空堀をめぐらし、東西に長く南北に短い。真田丸と自称して、他の勢を交えず守った」という。

これらの記録から、真田丸は大坂城南面に築かれていた外郭（惣構え）のさらに外側に築かれた半円形の出丸で、そこには真田軍だけが籠って敵と戦ったということが分かるが、実際には真田丸西側は長宗我部隊が守っていた。

真田丸のすぐ南には当時、篠山という篠が密集した丘があり、ここを敵に取られると城方としては不利になる。そこで、この篠山に向けて城からも前進基地というか、何か防御する施設を造らなければならなかった。それもここに真田丸を築いた理由の一つであったろう。

また、寄せ手からみれば、真田丸がある限り、惣構えに取りつくことはできない。というのは、取り付こうとすれば、半円形の出丸で死角のない真田丸から正面、側面攻撃を受けるからである。まず、寄せ手がこの方面から攻めようとすれば、どうしても真田丸に攻撃を集中しなければならない。

しかし、それは守る方からすれば、敵の総攻撃をまともに浴びることになり、全滅の覚悟がなければとても守り切れるものではない。

それゆえ、信繁はあえてここを持ち場とし、一か八かの賭けに出たのであろう。とにかく、緒戦に勝って、城方の士気を高めるため、そして城内での自らの発言力を高めるためにも、信繁はその実力を城方に認識させねばならなかった。

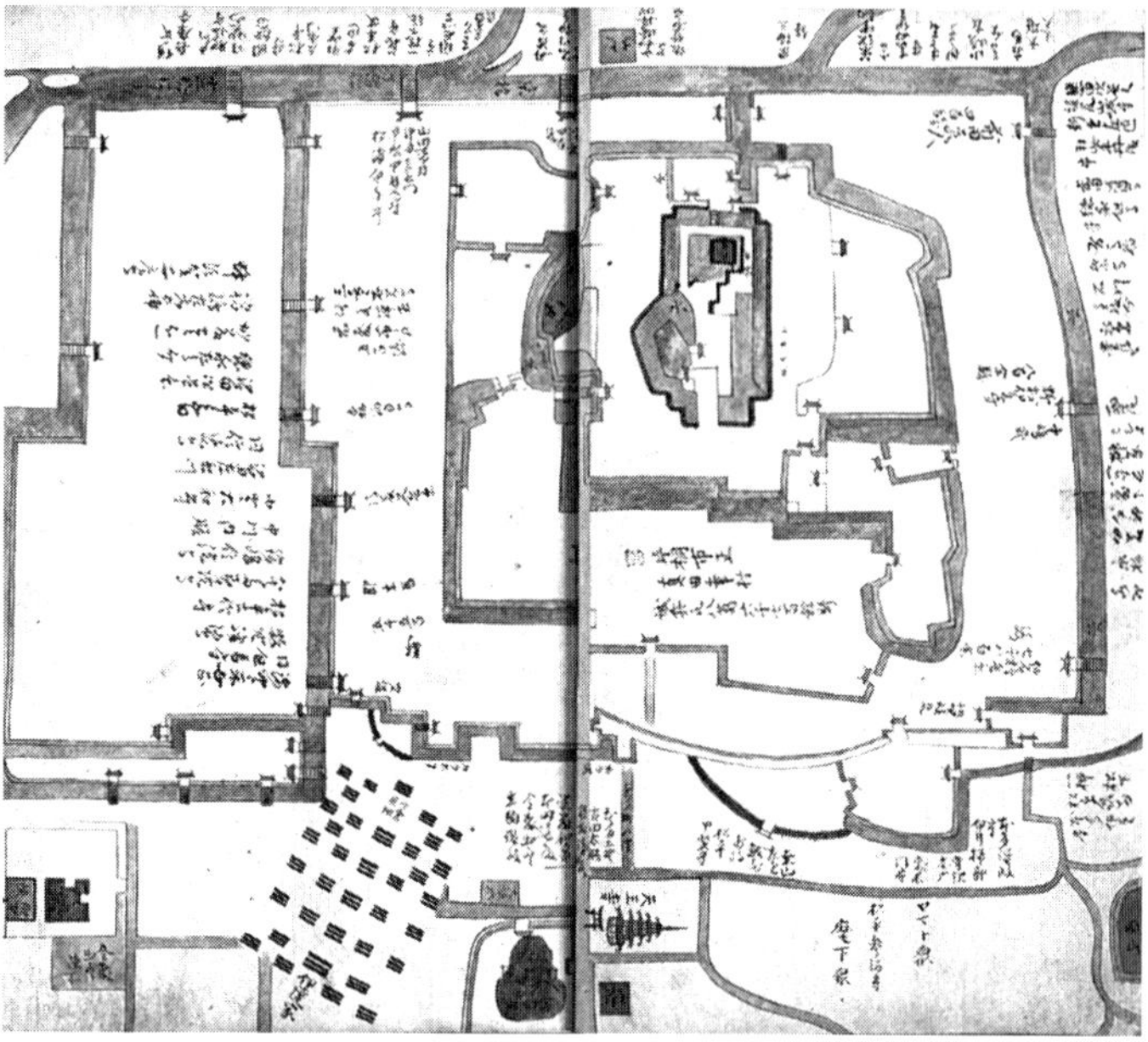

大坂城図（『僊台武鑑』・庄司元氏蔵・大阪城天守閣提供）

真田丸の構造

大坂冬の陣における大坂城の構造、とくに総構え（外郭）の状況を比較的細かく伝えているとされる『僊台武鑑』所収の「大坂城絵図」によれば、真田丸は大坂城総構えの南東に構築されており、東西二つの大きな曲輪《くるわ》からなり、東側の曲輪は水濠と塀、西側の曲輪は空堀と柵で防御する構造になっている。

互いは一つの城門と塀で区切られており、西の曲輪には南側、すなわち寄せ手の敵側

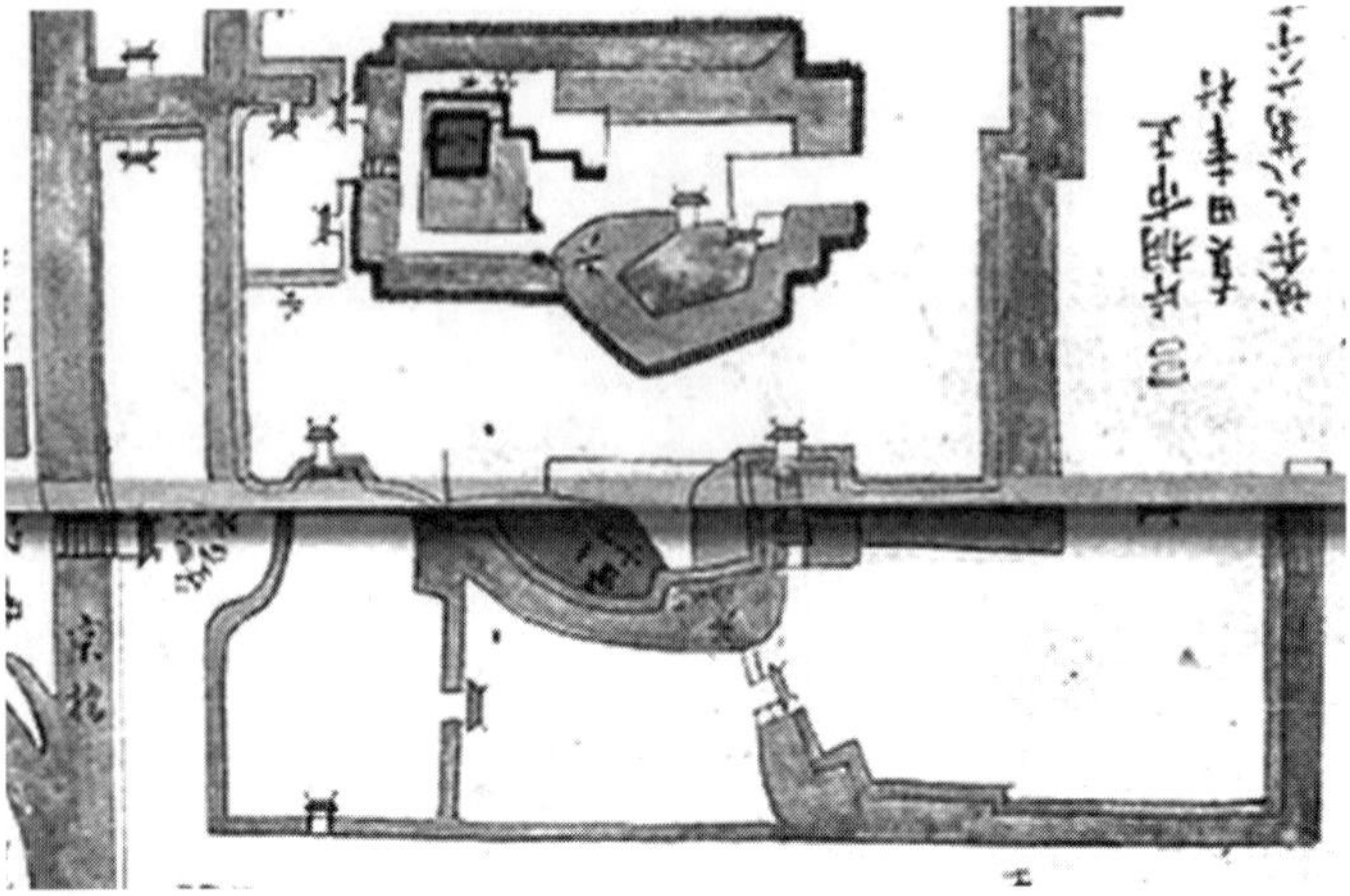

大坂城真田丸図(『僊台武鑑』部分・庄司元氏蔵・大阪城天守閣提供)

に向かって門が設けられていたようである。これは真田丸からの兵を出し入れする重要な役目をもっていた。

西の曲輪は柵を設けた臨時の砦という感じだが、東の曲輪は水濠があり、塀もある本格的な城の構えであることが分かる。二段構えを作った意味は、当然敵は水堀ではなく空堀で守られている西の曲輪を狙うことが予想され、敵をそこに引き付けて惣構えと真田丸の東の曲輪の両方から攻撃をかけるという構想があったものと思われる。

『大坂御陣山口休庵咄』によれば、真田丸には「父子の人数六千人にて籠り」、さらには「(そこでは)狭間は一間に六つ切ってあり、狭間一つに鉄砲三挺ずつ」並べられたという。これは三十センチ間隔に鉄砲を三挺並べた計算になり、真田丸では隙間なく鉄砲が配置されていたことが分かる。

絵図から推察すると、これは水濠に囲まれた東の曲輪の様子であろう。

士気が上がらない大坂方

しかし、籠城して戦うことが決まっても、城内の士気は今一つ上がってはいなかったようだ。

というのは、『駿府記』に「大坂の様体、軍陣の体万事母の儀指出給ひ、これに依り諸卒色を失ふと云々」とあり、『当代記』にも「秀頼ノ御袋武具ヲ着シ、番所ヲ改メ給フ」とあるように、秀頼の母淀殿が自ら武具を着て、軍事のことについて万事口を出し、出しゃばるばかりか、城内を巡見して、そこを守る城兵にまで指図をしていたからである。

自らは何ら実戦の経験もなく、ただ権威をかさにきて偉そうに口出しばかりをしたがる老女

伝淀殿像（奈良国立美術館蔵）

の姿に、前線の武将・兵士たちの心は萎えていくばかりであったろう。これでは、いったい誰のために命を賭けて戦をするのか、彼らはやりきれない気持ちに襲われたに違いない。

薩摩の大名島津義弘は「秀頼は乳飲み子なので下知はできず。その母の下知もいよいよ事態を悪化させるばかりである」と言ったというが、まさに大坂城内ではその通りの事態となっていた。

淀殿の記事が『駿府記』にある以上、家康もこの事態をつかんでいたことは確かで、ここが大坂方の最大の弱点であることを家康は実感したはずである。

堀の撤去に執念を燃やす家康

さて、家康は開戦にあたって、軍議で大坂城の堀の水抜きを指示したという。その方法は淀川の流れを上流でせき止め、支流に流し、大坂城の堀に注ぐ天満川の水量が減じたところへ、二十万箇の土俵と大量の石や芦茅の類を投げ入れるというものであった（『歴史と人物　全貌大坂の陣』）。

大きな水堀がある限り、城に近付くことはできない。また、鉄砲や大砲などの飛び道具の射程距離にも限界がある。弾の到達を確実にし、城を攻め落とすためには堀を取り除くことが必須の条件であった。

家康はこうして開戦当時から大坂城の堀を取り除くことを一貫してターゲットにしていたことが分かる。

さて、慶長十九年(一六一四)十二月三日、真田丸の前にある篠山から真田の兵が徳川方に盛んに鉄砲を討ち掛けてきた。この方面の徳川方の前線は加賀の前田勢で、前田勢は家康から塹壕《ざんごう》を掘り、土塁を築くように命じられていたが、これまでにも真田の兵が篠山から鉄砲を打ち掛けその作業を妨害し、毎日三十人、五十人と犠牲者が出ていたのであった。そのため、前田としては、目障りな篠山を何とか真田の手から奪取し、陣地の構築を行う必要があった。

そこで前田家の重臣で先手の部隊を預かる本多政重らが篠山を占領しようと、三日の深夜に準備にかかったのであった。

そして翌四日早朝、篠山の真田勢を攻撃すべく篠山に攻め登ってみたが、そこには真田の兵はおろか誰もいなかった。そこで前田隊はいとも簡単にあっけなく篠山を占領することができた。

しかし、冷静になって考えてみれば、大坂方が篠山を何の抵抗もなく敵の手に渡すなどどう考えてもおかしく、そこに何らかの謀略が仕掛けられていることに気付かねばならなかった。だが、そこで功をあせったのか、本多政重らは手勢を連れて篠山を越え真田丸の堀際まで進んでいった。

　すると政重の後続にいた前田隊の将は政重を出し抜くようにして、さらに真田丸に近付いていった。彼らは少しでもよい持ち場を得て、手柄を立てたかったのであろう。また、そこには新参者の家老本多政重の指示になど従いたくないとの彼らの思いもあったのかもしれない。

決戦真田丸

　ここで前田隊の統率が乱れていることを真田丸の信繁は察知し、真田丸から試しに鉄砲を撃たせた。すると前田隊はそれにびっくりしたように、真田丸に一気に殺到しようとした。体が自然にそう反応してしまったのであろう。その際、当然、水堀を避け空堀で防備している曲輪を目指したはずである。

　まさに信繁の思惑通りの展開になった。そこでは、水堀のある真田丸東側の曲輪と西側の曲輪の両方から、間断なく大量の鉄砲が発射され、前田隊はパニックに陥り、まったく統率が取れない状況となった。また、敵の攻撃を避けるため多くの兵は空堀の中に逃げ身を隠そうとした。

ところが、城の空堀というのは一度落ちたらなかなか這い上がれない構造になっている。その兵を助けようとするとどうしても空堀の前で立ち止まらなければならないが、それは真田丸からの格好の標的になる。

前田隊はそれでも新たな兵を繰り出して空堀の中の兵を助けようと試みたが、いたずらに多くの犠牲を生むだけであった。

また、これを見ていた徳川家の重臣井伊家の部隊は、前田家に先陣を許してなるものかと、あわてて真田丸西側に押し寄せていった。

そのとき井伊隊を率いていたのは、当主直勝ではなく名代の直孝であった。直孝は側室の子であることから、井伊家では決して優遇されてはいるとはいえなかった。それゆえ、直孝はこの千載一遇のチャンスで何としても功名を上げ、自らの実力をアピールする必要があったのであった。直孝もあせっていた。

しかし、そこでは真田丸と惣構えの両方から攻撃を受け、井伊隊は真田隊、長宗我部隊の猛烈な鉄砲の攻撃に一歩も進めない状況になった。

大敗北の徳川軍

そのとき、真田丸の一画にある櫓が出火し、黒煙を上げた。この様子を見た徳川家一門の松平忠直、藤堂家の諸隊は大坂方の内応者が合図に火をつけたものだと早合点した。事実、このとき内応に合わせて城に攻め込むことが打ち合わせてあったようである。しかし、内応者は事前に発覚し、この時点では大坂方に捕らえられていた。

これは、真田丸西後方を守っていた大坂方の石川康勝の兵が誤って火薬桶の中に火縄を落としてしまい、それが爆発したために起きた偶然の事故であった。

だが、敵の裏切りを信じてやまない、松平、藤堂諸隊は「このチャンスを逃すな」とばかり、真田丸に押し寄せ、兵たちは一斉に柵を破って空堀の中に飛び込み、そこから真田丸の城壁をよじ登ろうとした。空堀は大勢の兵が押し寄せたため、瞬く間に埋め尽くされてしまった。

その様子を真田丸の上からじっと見ていた信繁は、ここぞとばかり一斉射撃を命じた。

『大坂御陣覚書』には「弓・鉄砲にて撃ち立てることは雨の降るようであった。(中略)櫓・高櫓の狭間より撃ち立てたが、寄せ手には鉄砲を防ぐ竹束などはないので、ただ的になって撃たれるだけで死傷者の人数は数え切れないほどであった」と記されている。

大坂城真田丸図（「大坂冬の陣図屏風」部分・大阪城天守閣蔵）

寄せ手の兵はあわてるあまり、弾丸避けの竹束をもたずに突っ込んでいったのである。

さらにそのとき、真田丸の木戸が開き、五百人ほどの真田方の兵が繰り出し、応援に向かおうとした徳川方の援軍寺沢、松倉隊に突撃しそれを追い立てたというから、西の曲輪の門が開かれてそこから兵が出撃したのであろう。

この合戦では、徳川方の犠牲者は後を絶たなかった。

この報告を受けた家康、秀忠は直ちに撤退を命じたが、撤退ははかどらず、結局使者を三度も送る始末であった。それは、空堀の中に入った兵たちが真田丸から浴びせられる鉄砲のためにそこから出ることができず、それを救うために兵たちが後に退くことをしなかったからである。

『孝亮宿禰記』によると「越前少将（松平忠直）の勢四百八十騎、松平筑前（前田家）の勢三百騎死す。このほか雑兵の死者その数を知らざるの風聞これあり」とあり、『東大寺雑事記』は「大坂之城大ゼメ、今日迄ニヨセ衆一万五千人程打ルト云々」と記し、『言緒卿記』にも「大坂城責アリテ、寄セ衆ノ人数多ク損ズト」とあり、徳川方大敗北の噂は京都まで聞こえていたという。

鴫野・今福の合戦

ただ、鴫野《しぎの》・今福の合戦では徳川方は上杉景勝、佐竹義宣らの活躍で善戦していた。そこでは、上杉軍は総勢九千で騎馬三百五十騎、鉄砲四百四十一挺、槍二百八十挺を有し（『米沢史』）、大筒も五十門を備えるという堂々たる態勢を取っていた。

上杉隊は十一月二十五日に大和川南岸の鴫野表に布陣し、一方佐竹隊は大和川北の今福に陣した。

ここには大坂方が大坂城の東北の守りとして柵を築き、守備兵を置いていた。そこで上杉・佐竹両隊もそれに対して柵を築き、それと対峙した。だが、ここは水田ばかりの湿地帯で軍馬が動けるのは川岸の堤防のみというきわめて攻めにくい場所でもあった。そこで、家康は両隊に、今福に付け城を築くため、鴫野・今福の両柵の奪取を命じたのであった。

大坂方との合戦は翌二十六日の午前六時ごろから始まった。

上杉・佐竹両隊は激しく鉄砲を撃ちかけながら大坂方の柵に迫り、鴫野・今福の柵を奪取したが、それを奪還すべく大坂城より大野治長らが一万二千の兵を率いて鴫野表にやってきた。

上杉隊と大坂方との間には激しい銃撃戦が繰り返されたが、やがて数に勝る大坂方が上杉隊の先鋒隅田隊を徐々に圧倒し、柵を奪おうとした。だが、そのとき後続の水原常陸は大声で隅田勢を左右に展開させ、その後を追いかけてきた大坂方の兵に鉄砲五百挺の一斉射撃を加えた。

さらにそこに脇に備えていた安田隊が四百の兵をもって槍で突撃すると、大坂方は崩れ、敗走していった。ここでは上杉隊も三百人もの大きな犠牲を出すという激戦となった。

それを気遣った家康が堀尾忠晴の軍と交代せよと景勝に再三命じたが景勝は「弓箭の家に生まれ、先陣を争い、今朝より身を粉にして奪い取った持ち口を上意とはいえ他人に渡せましょうや」と言い頑としてこの命に応じようとはしなかったという。

また、今福の戦いでは木村重成、後藤又兵衛隊が大坂城から加勢し、佐竹勢を旗本まで攻め崩したため、大将の佐竹義宣自らが潰走してくる先手の中に入り采配を振るい、潰走を止めようとしたが効果なく、義宣は上杉隊に加勢を求めた。

そこで、上杉隊が川の中州まで進んで大坂方に鉄砲を撃ちかけると、後に控えていた榊原康政、堀尾忠晴隊も川を渡って大坂方の側面を攻撃したため、さすがの木村、後藤隊も後退を余儀なくさせられてしまった。

こうして、冬の陣最大の激戦といわれた鴫野表・今福の戦いは徳川方が勝利することができたが、真田丸の攻防では徳川方が大きな犠牲を出すという結果に終わってしまった。徳川方はまたしても真田にやられたのである。

そして、そこでは、信繁は敵の心理を見事について徳川軍を撃退するという手並を見せた。初めて見せる父昌幸譲りの戦巧者ぶりであった。

神経作戦を取った家康

『幸島若狭大坂物語』によると、この敗戦を受けて将軍徳川秀忠は、家康に大坂城総攻撃を申し入れた。しかし、家康はまだその時期ではないと許可しなかったという。

秀忠は三度にもわたり家康に申し入れたというから、この敗戦を何としても挽回したかったのであろう。

事実、江戸では関東方は負け戦となったという噂までが立ち、中には荷物を寺に預ける者まで出ていたという。

だが、ここでも家康は一人冷静であった。ここで勢いに乗る大坂方を、今、徳川方が大軍を頼みにあせる気持ちで攻めたとしてもただ犠牲を出すだけであることを、家康は知悉していた。まさに今、戦いの流れは大坂方に傾こうとしていた。こんな時こそ、冷静沈着な思考と行動が必要なのである。

何より大坂城というとてつもない大きな堅城が存在する限り、いくら徳川方でも大軍による数を頼むだけの城攻めでは、相手にダメージを与えることは困難であった。

しかも、真田の勝利で勢い付く大坂方では、秀頼、さらにはその母の淀殿も家康との主戦論を唱え、和議に応じる雰囲気などはなかった。

そこで、家康は引き続き大坂城を大軍で包囲し、豊臣方に圧力を加えていく中で、相手に和議の交渉に応じるように仕向ける作戦に出たのである。

『駿府記』によると、「今夜より毎夜寄手に三度づつ鬨の声を揚ぐべし、敵を寝る能はざらしむ為也」とあるように、家康は夜中に鬨の声を三度あげさせ、夜襲を行うかのようなジェスチャーを取らせ、敵を睡眠不足に陥らせるという神経戦に出たのである。その時間は酉（午後六時）、亥（午後十時）、寅（午前四時）の三度で、それにあわせて一斉射撃も行ったという（『当代記』）。

確かに、これを毎夜毎夜やられたら大坂方はたまったものではない。

だが、これは毎晩続けられたものの、いっこうに夜襲の気配がないことから、大坂方はいつしかこの作戦を見破ってしまい、気にしなくなった。

しかし、家康の取った大坂方への神経戦はそればかりではなかった。家康は、今度は大坂城内に向けてトンネルを掘り始めたのである。

『大坂冬陣記』に「地中に深く入り、鉄砲薬を積み、以って火縄を引きて出去り、則ち石垣鉄壁と雖も皆崩し裂くべきと云々」とあるように、その目的は地中深く城内までトンネルを掘って爆薬を仕掛け、城内に近付いたら石垣鉄壁もろとも吹き飛ばすことにあった。

ただ、実際、寄せ手の陣から城内に至るまでの距離は遠く、果たしてこれが計画通りにいくかはどうかは分からず、大坂方も「此の穴蔵までは殊の外遠く御座候。（中略）役に立ち申さず候」（『大坂御陣山口休庵咄』）と見ていた。

だが、そうは思っていても、城内に向かって毎日毎日すごい勢いでトンネルを掘り続けられると、城方としては、だんだん不安になってくるのは当然である。

そこで、城方も逆に城内から城外に向けてトンネルを掘り、そこから糞尿等を流すという作戦に出た。こうすることで、城方は精神的には対等にもっていこうとしたのである。

砲弾で和議を勝ち取った家康

さらに、家康は城内に矢文を放って盛んに投降を呼びかけるとともに、三百挺という大量の大砲を用意し、城に向かって一斉に撃ち掛ける作戦に出た。これには先のオランダから買い入れた四、五貫目の砲弾を撃てる巨砲も含まれていた。

一斉に三百挺もの大砲が撃たれるのである。その轟音《ごうおん》たるや想像を絶するものがあったろう。事実、『時慶卿記《ときよしきょうき》』によれば、大坂で放たれた大砲の音が京都の朱雀周辺にまで間断なく聞こえてきていたという。

この大砲は音だけでなく、実際に大きな効果を発揮した。

『台徳院殿御実記』によれば、「その響き百千の雷の落ちたる如く、側に侍りし女房七八人たちまちに打倒され、女童《めのわらわ》の泣き叫ぶことおびただし」といい、『難波戦記』によると、家康は城内の淀殿のいるところ、つまり本丸にある御殿目掛けて打ち込ませ、矢倉一つ

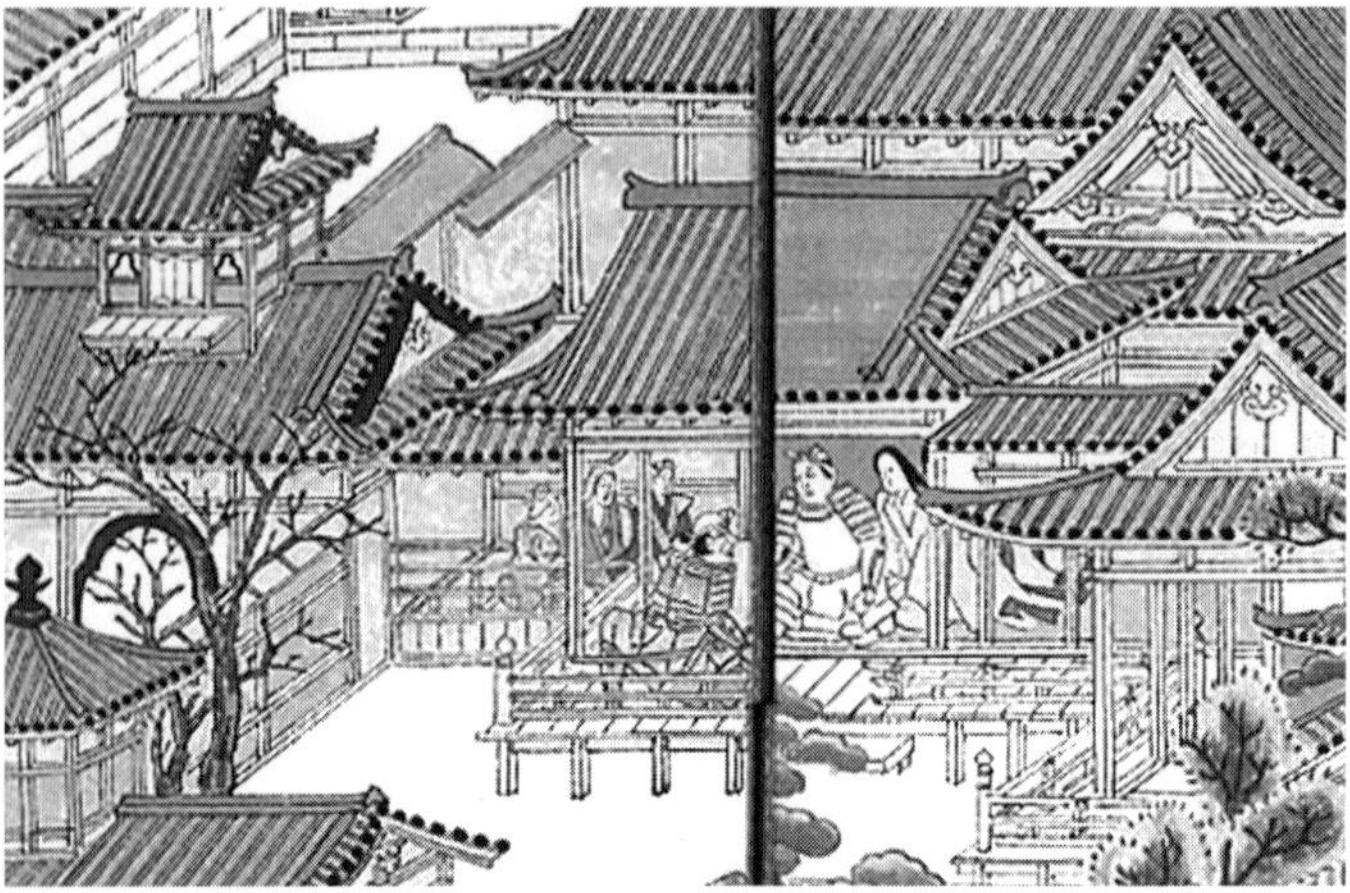

大坂城本丸図（「大坂冬の陣図屏風」部分・大阪城天守閣蔵）

を打ち崩し、淀殿の侍女七、八人を撃ち殺したという。

それを目の当たりにした淀殿は大きな恐怖を覚え、それまでの強硬論から和議へと転じる姿勢を見せたという。まさに家康の描いた筋書き通りに事態は展開していったのである。

家康方の大砲の攻撃が止むとすぐに、信繁は和議で家康・秀忠の心が緩んでいる間を見て、二人の陣所を急襲することを秀頼に提案している。どこまでも勝利に執念を燃やす信繁であった。事実、塙団右衛門などは、蜂須賀隊に夜襲をかけ、敵を脅かしていた。

だが、淀殿は「今さら和議を違えることなどできようか」と反対し、大野修理や織田有《う》楽《らく》もそれにならって反対した。

こうして、両者による和議の話し合いが

十二月十八、十九日の二日間、家康方の京極忠高の陣所で行われた。

和議の謀略

『大坂冬陣記』によると、家康方は阿茶局、本多上野介正純、大坂方は常高院（淀殿の妹で秀忠夫人の姉）、大蔵卿局が話し合いにあたったが、これまで実際に大坂方で和睦の交渉にあたってきたのは織田有楽と大野治長であった。

だが、ここに至るまで、秀頼にさんざん和議を持ちかけたのは織田有楽であった。織田有楽は信長の弟であり、淀殿の叔父にあたるが、『譜牒余録』に「有楽籠城仕り候子細は、権現様（家康）御隠密の御内意にて」とあるように、初めから家康のスパイとして大坂城に送り込まれていた。そんな有楽が家康軍と真剣に戦うはずなどなかった。

事実、『大坂御陣覚書』によれば、有楽は家康に「秀頼に度々和議を勧めたが、いっこうに承知しないので、この上は力で大坂方を攻めるべきである」という書状を出していたほどであった。

このとき、秀頼は頑強に和議に反対していたことが分かる。秀頼は決して暗愚ではなく、ある程度先の見える人物であったのかもしれない。しかし、淀殿が和議を決めたことで、秀頼もそれにしぶしぶ従ったのであろう。

また、大坂城に入っていた牢人衆ももちろん和議には反対であった。彼らにしてみれば、和議になればせっかくありついた働き口を失うことになり、また、大坂城の外に出れば、敵からどんな仕打ちを受けるか分からなかったからである。

『大坂冬陣記』によれば和議の内容は「大坂城本城を残すのみ、二之丸・三之丸は皆壊平にすべし。然らば母儀質たるに及ばず。修理、有楽は人質を出すべし。大御所より本座・新座異議あるべからず」というものであった。つまり、①本丸だけを残して、二の丸、三の丸を破却する。②淀殿を人質として関東に下向させない。③その代わり大野治長と織田有楽が人質を提供する。④城内の兵は譜代衆、新参の牢人衆とも処罰しないという内容であった。

もちろん家康の最大の狙いは①本丸だけを残して、二の丸、三の丸を破却するという一条を呑んでもらうことにあったことはいうまでもない。

それさえ呑んでもらえば、あとの二つはどうでもよい。つまり、あとはこの条件をカムフラージュするための飾りのようなものであった。

もし、大坂城が無傷でそのまま残っていたとしたら、金と兵にものを言わせる大坂方の籠城は二年や三年は続く公算が高い。また、このまま籠城がいたずらに長引けば、家康の寿命がその間に尽きる可能性だってある。

このようなことを考えたときに、家康としてはどうあっても大坂城の防御機能を奪い、籠城を阻止する策に出るしかなかった。

つまり、徳川方の狙いは籠城を不可能にし、大坂方を野戦に引き出して一挙に殲滅《せんめつ》することにあったと考えられる。

それには何としても大坂城の広大な堀をすべて取り除くことである。

和議では、城を取り巻く惣構えの堀や櫓の取り壊しは徳川方で行い、大坂方が二の丸、三の丸の堀や櫓を壊すということになっていた。

しかし、徳川方の人夫は瞬く間に惣構えを壊し、その勢いをかって、二の丸、三の丸の塀、櫓を壊し、堀までも埋め立て始めた。

これについて、本多正純は「こちらの作業は終わってしまいましたが、城方ではいっこうに作業が進んでおらず、このままではいつ完了するのか分かりません。作業がすべて終わらないと、人夫を国に帰すことができないので、城方のお手伝いをいたしましょう」と申し入れ、城方が返事を出す間もなくどんどん作業を進めていった。

これに対して大坂方は当然正純に抗議した。だが、正純は急病と称して、大坂方の使者に会おうとはせず、そうこうしているうちに二の丸、三の丸の埋め立てはすっかり終わり、あっという間に、大坂城は本丸を残すばかりのみずぼらしい城となってしまった。

ここにきて大坂方は、初めて家康の罠にかかってしまったことを知ったのであった。

だが、先の絵図から巨城大坂城の堀を埋めるというのは相当な大工事であったことが分かる。まさにそれは二十万という大軍を擁した徳川方でなければ絶対にできない作業であった。

しかし、ここに不可解なことが一つある。

それは、家康が和議以前、まだ砲撃を行っているときに、後水尾天皇の勅使として広橋兼勝と三条西実条が家康の茶臼山の本陣を訪れ、和議の勧告と斡旋を申し入れているが、「和睦の儀然るべからず。若《も》し調《ととの》はざれば天子の命を軽んぜしめ、甚だ以って可ならざる也」と家康がこれを拒否したという事実である（『駿府記』）。

この時点では、まだ大坂方からは和議の申し入れはない。そこへ、あれほど待ちに待った和議のチャンスが来たにもかかわらず、家康はもし和議が不調に終わったら天子の命が軽んぜられることになるからと、もっともらしい言い訳をつけて断っているのである。

そのことから考えると、家康は、大坂方と何としても和議に持ち込みたかったものの、その内容は初めから謀略がらみ、つまり、城の堀をすべて埋めることにあったということである。

だから、ここで天皇に介入されたら、和議の内容を遵守しなければならなくなり、城の堀をすべて埋めるという自らの謀略を行使できなくなる。そこで、この段階では何としても天皇の介入を阻止しなければならなかったのであろう。

また、当然のこととして、天皇に借りを作りたくないという気持ちもあったろう。

信繁を調略しようとした家康

さらに、家康は和議の一方で、今や大坂方の希望の星になった信繁に狙いを定め、調略の手を伸ばしてきた。

信繁の調略には家康側近の本多正純を通して叔父の真田信尹《のぶただ》があたった。正純は書状の中で「信繁の身は私が請け負うのでそのつもりでいて下さい」と述べ、信繁獲得に意欲を見せている。

『慶長見聞録』によれば、信繁と信尹との会見は夜半に行われたようである。

『真武内伝』によれば「お前の今回の働きは抜群であった。もうその名は十分天下に鳴り響いている」として、信繁にここで徳川方についてくれれば三万石を与えようと言ったという。

だが『慶長見聞書』によれば、それに対して信繁は「親族としてそのお話は有難く思っています。ですが、私は関ヶ原合戦においても敵につき、その後、高野山にて乞食のような生活をしていた私を秀頼様は召し出してくれ、しかも大坂城の一つの曲輪を任せて守らせてもくれました。有難く幸福なことだと思っております。武士の面目これに過ぎることはありません。それはどんな領地にも代えがたいことです」と断り、「もし、和睦になったらたとえ千石でもご奉公いたします」と信尹の立場を思って含みを残した表現をしている。

しかし、内実は申し出を拒絶したことはいうまでもない。

信繁にしてみれば秀頼は、何の実績もなかった自分を、真田昌幸の子だという理由だけで一軍の大将に抜擢してくれたのである。信繁はその恩に報じようとしていたのであろう。

また、そんな秀頼に謀略を仕掛けて難癖をつけ、さらには大軍を頼み一挙に殲滅しようとしている家康に対する怒りと叛骨精神も信繁の中には当然のようにあったことだろう。家康とは父昌幸以来の因縁の対決でもあった。

だが、信尹は「確かに武士というのは義を尊ぶものである。また、約束を変じることは人の道ではない。だが、私にとっては、お前を味方にすることが忠義なのである」と

真田信尹分捕り北條綱成所用地黄八幡旗指物（真田宝物館蔵）

答えたという（『真武内伝』）。

これを聞いても、信尹という人物は正直で律儀な性格であったことが分かる。

信尹からの報告を受け、勧誘に失敗したと聞くと、本多正純は信尹に「信濃一国を差し上げるので、お味方いただきたい」ともう一度交渉させた。

信繁はこの言葉を聞いて怒り、信尹とは会わなかったという。

正純は先の信繁の含みある言葉に、信繁は待遇の不足を感じていると判断し、さらなる利で信繁を釣ろうとしたのであった。

しかし、信繁は「利」ではなく「義」そして「名」を惜しんだのであった。

娘を案じる信繁

真田丸での活躍から二ヶ月ほど経った慶長二十年（一六一五）一月二十四日に、信繁は姉村松に書状を送っている。

「この度、思わぬことから合戦になり、私たちもこちらに参りました。おかしな事と思われたことでしょう。ともかく、戦いが済んで、私も生き残りました。お会いしてお話ししたく思います。明日はどうなるか分かりませんが今のところは何事もなく過ごしています」

信繁はこの書状の中で、自らが大坂城に入って徳川方と戦ったことを「おかしなこと（原文は「奇怪と思し召され」）」と述べている。それは自らの大坂入城そして徳川方と戦って勝利したことが、実家である真田家に迷惑を及ぼすことを指しているのであろう。

しかし、信繁はそれでもそのまま紀州で朽ち果てていくより、もう一度、人生での花を咲かせたかったに違いない。

だが、それを選択すると一方で兄弟たちや妻子にどんな危険が及ぶかわからない。それを思ったとき、信繁は自らの胸の中にどこかでわだかまりをもっていたのかもしれない。それが、「おかしなこと」という表現になったのであろう。

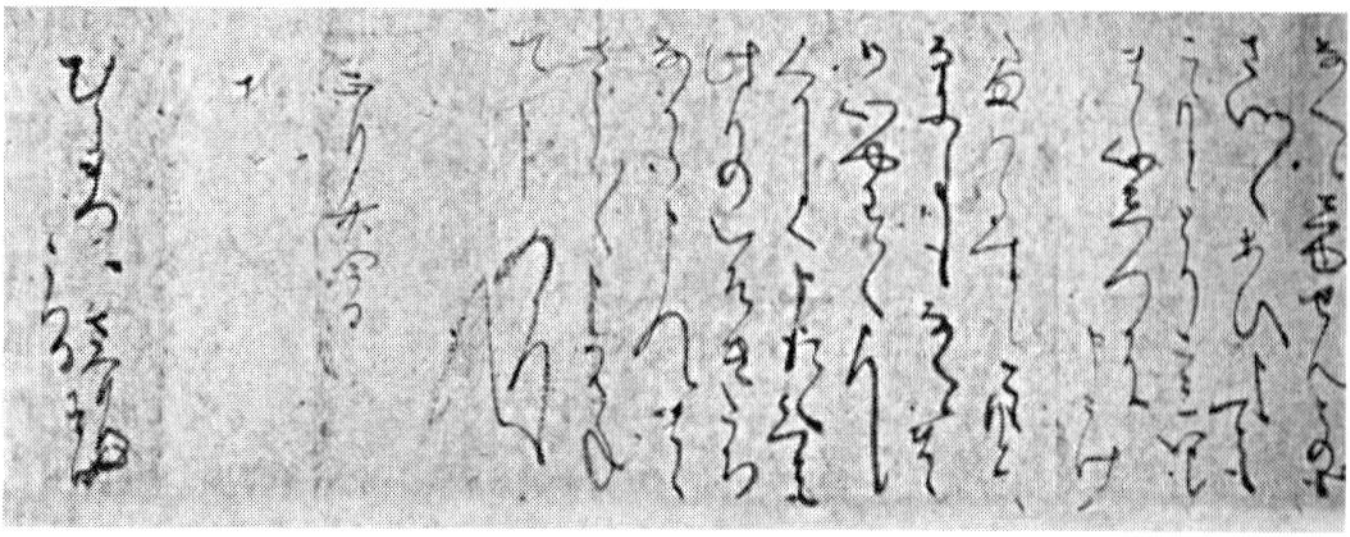

真田信繁書状（正月二十四日付・むらまつ宛・小山田恒雄氏蔵文書・真田宝物館提供）

そして翌月の二月十日、信繁は娘婿に宛てた書状で「私どもは籠城の上は、必死の覚悟でおりますから、この世でお会いし面談することなどもうないでしょう。何事も娘すえのこと、お心に叶わぬことがございましてもどうかお見捨てなきようお願いいたします」と述べている。

信繁はいよいよ自らの命を賭けた最後の戦いに打って出ようとしていた。この書状にはその決死の覚悟、そしてそれゆえに娘の身に降りかかる不幸を案じる信繁の父としての細やかな愛情が滲み出ている。

この手紙を見た娘すえは父が自分に注いでくれる愛情がどれほどうれしかったことだろうか。

だが、もう戦況はどうにもならないところまできていた。

徳川軍は大坂城の堀の全てを埋めてしまい、さらには二の丸をも取り壊し、大坂城は本丸だけの丸裸の城にされてしまった。こうなっては城を頼みに戦うことも、城に籠城することもできなくなってしまった。

別れの酒宴

『武林雑話』にこんな話が出ている。

今は松平忠直の使番をしているかつての武田家家臣原貞胤《さだたね》は、信繁とは旧知の仲であったが、冬の陣後、信繁は貞胤を自分の屋敷に招待して、ご馳走をし、酒宴を行った。そこでは、信繁自身が鼓《つづみ》を打って舞を舞い、子の大助にも曲舞《くせまい》を舞わせ、その後、茶を点《た》てた。

そこで信繁は「今回の戦では討死するところを、思いがけなく和議となり、今日まで生き長らえることができ、こうして二度もお会いできたことを喜んでおります。不肖の身ですが、ここでは一軍の大将を承り、今生の思い出、死後の面目と思っております。しかし、和議は一時のことです。そのうち、ついには再び合戦になるでしょう。私共親子も一両年には討死することと思い定めております。その最期の時には、父安房守（昌幸）が私にくれた真田家代々の鹿の角を打ったこの兜を着けて討死しようと思っております。もし、この兜を戦場で御覧になることがありましたら、これぞ私の首と思し召して、一遍の回向でもして下さい。主君のために討死するのは武士の習いと思っておりますが、倅《せがれ》の大助は今までこれといった出来事もなく、一生牢人として歳十五にして戦場の苔《こけ》と埋もれてしまうことが不憫《ふびん》でしょうがありません」と言い涙ぐんだという。

これを聞いた貞胤も涙を流し「まさに武士ほどはかないものはありません。戦場に赴く以上は、誰が後先に死ぬかは分かりません。そのときはまた冥土《めいど》で再びお会いしましょう」と言った。

その後、信繁は白河原毛の逞《たくま》しい馬に六連銭を金で摺り上げた鞍を置いて、それに乗り、五、六回静かに廻ると「もし再び合戦になれば、御城が破却された以上、平野での合戦になるでしょう。そのときは、天王寺表に乗り出し、この馬の息の続く限り戦い討死しようと思っています」と言って、馬から下りて再び酒宴を始めた。それはまさの今生の別れともいうべき酒宴であったろう。二人は互いに盃を差しつ差されつして夜半に別れたという。

まるで一幅の名画を見るような光景である。

二人は互いに敵味方に分かれながらも、同じ武士として相手を思いやる真心にあふれている。

人は生きている以上、いつかは死がやってくる。それは何をやっても、どんなことをしても誰にも止めることなどできない。

まして、武士である以上、合戦で死ぬことに何のためらいもない。だが、それゆえに

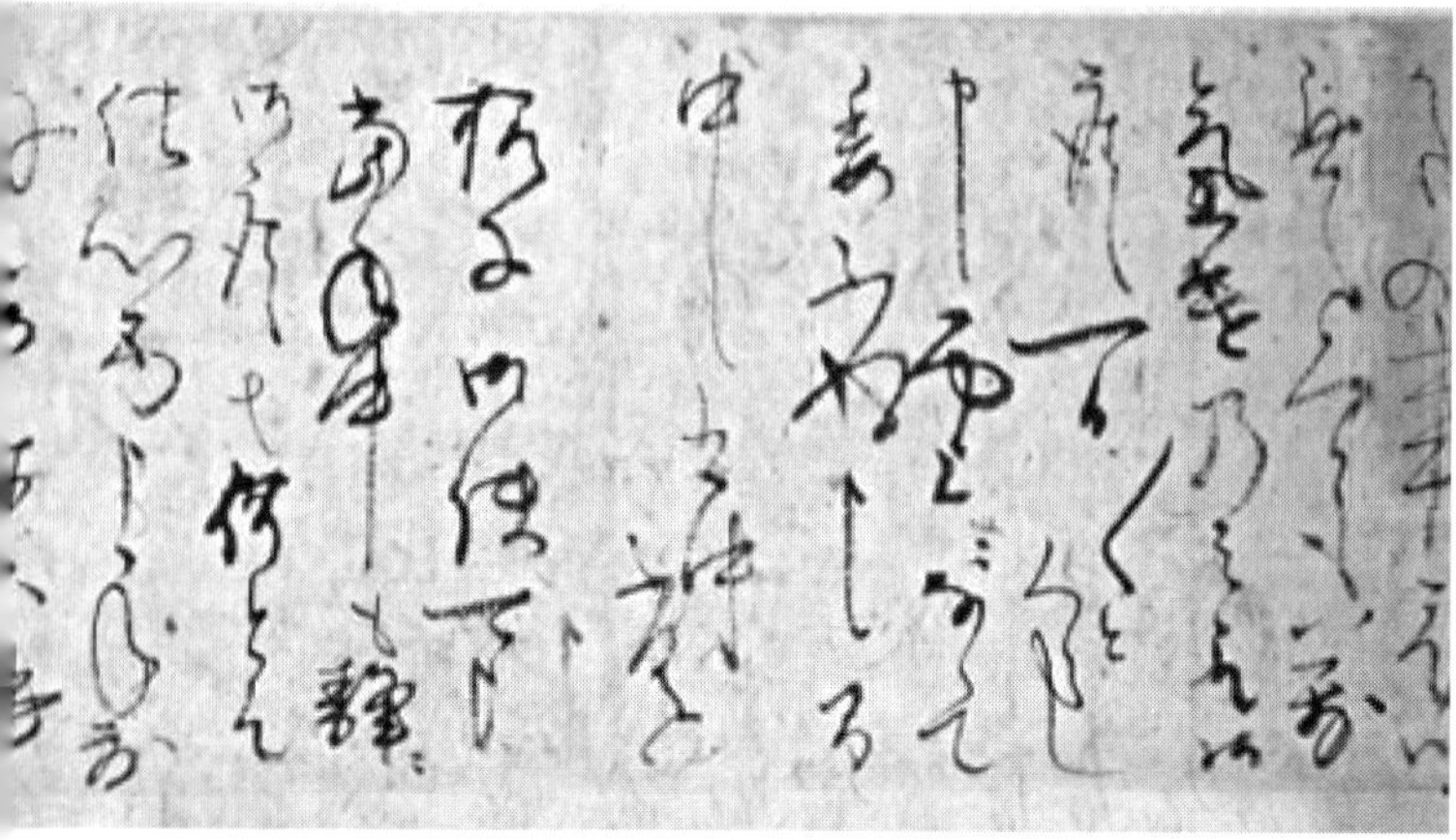

真田信繁書状（三月十九日付・小山田壱岐 主膳宛・小山田恒雄氏蔵文書・真田宝物館提供）

大義を掲げて死んでいきたい。信繁のそんな想いが伝わってくるようである。

そして、その決戦の日々は着々と近づいてきていた。

嫉妬と猜疑心を向けられた信繁

信繁はさらに三月に姉婿と甥に書状をしたためている。

「私の身上のことですが、秀頼様のご懇意がひとかたならないのはよいのですが、いろいろと気遣いが多いことです。（中略）当年中、何もないようでしたら、何とかお目にかかりたいと存じます。なつかしいことは山のようにあります。定めなき浮世のことですから一日先のことは分かりません。私たちのことな

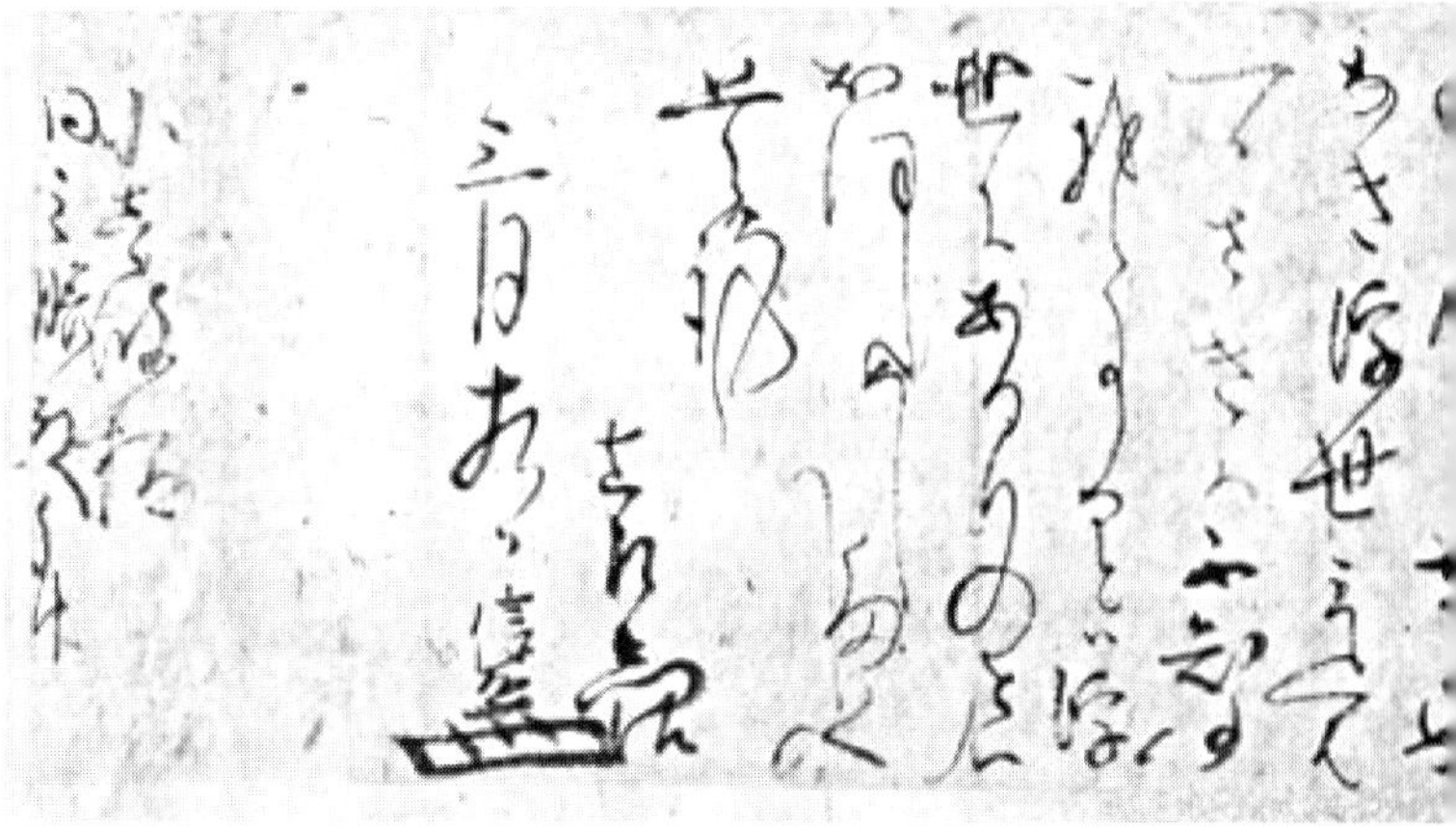

どは浮世にいるものとは思わないで下さい」
大坂冬の陣第一の功労者であった信繁は誰からも称えられてしかるべき存在であった。しかし、その活躍がここでは仇になった。大坂方の武士たちはそんなちやほやされる信繁にどす黒い嫉妬の炎を燃やしたのであった。さらに、信繁はその人柄の良さからも秀頼に慕われていたことが、彼らの嫉妬を煽《あお》っていったに違いない。人間とは悲しいものである。
後の大坂夏の陣のことになるが、『幸村君伝記』にこんなエピソードが載っている。
道明寺の戦いで大坂軍が敗れたとき、信繁が軍の最後尾で敵に当たる殿《しんがり》を申し出た。殿というのは味方を無事に逃がすための最後尾を守る部隊のことで、最も危険が多い役目であることはいうまでもない。

そこでは、他の将も「真田が残るなら、我々も留まって討死すべし」といきまいた。それに対して、かつて関ヶ原合戦での西軍の武将宇喜多秀家の重臣であった明石全登《てるずみ》という武将は「皆がそんなことを言えば、事は収まりません。この私が一番に退きましょう。せっかく真田殿が殿《しんがり》を望んでおられるのですから、後に留まってもらって、追いすがる敵があれば、追い払ってもらい、それをすり抜けてくる敵があれば、我々で蹴散らして帰ればよいではありませんか」と言い、皆を退かせようとした。そこで一番先に明石隊が退き、その後だんだんと他の隊の兵を退かせ、最後に真田隊が留まることとした。

諸隊は五、六丁ほど退くと、真田隊に使いを送って「早く退かれよ」と申し入れたが信繁は「いまだ敵は現れてはおりません。もし、敵が来たら味方は難儀しますので、さらに二、三丁ほどお退き下さい」と言った。

信繁には何の他意もなかった。ただ、自らは討死する覚悟で皆を守ろうとしただけであった。

だが、それを聞いた他の武将は、その言葉に自分たちがバカにされたように感じたのであろう。信繁の言葉は彼らにとってあまりにもカッコ良すぎたのである。

彼らは口々に「真田はややもすれば己が武勇ばかりを自慢して他の将を軽蔑しているようである。この上は評議で決めたことをやめて、おのおの勝手にやろうではないか」

と言ったというのである。

それに対して、明石全登は「確かに真田が言ったことは言い過ぎに聞こえたかもしれないが、武士が武勇を好むのは本意である。憎むべきことではない。我々は秀頼様の為にも早々に退き取るべきである」と言ってそれをなだめたという。

信繁はその並外れた武勇ゆえに他の武将たちから猜疑心《さいぎしん》をもって見られ、嫉妬の炎を燃やされたのである。

心を決めていた信繁

信繁の兄信之は信繁のことを「左衛門佐、天下に武名をあらわしたるは道理なり。生得の行儀振舞、平生躰に人とは違ひたる処多かりしなり。物ごと柔和・忍辱にして、強しからず。ことば少なにして、怒りはら立つことなし」と評している(『幸村君伝記』)。このことからも分かるように、信繁は決して出しゃばったりいばったりすることのない穏やかな人物であったのだろう。今回の信繁の言葉もただ正直な思いを素直に言葉に出しただけなのであろう。

しかし誰が何と言おうとも、一度心を決めた人間は強い。信繁の心中は彼らの悪口など歯牙にもかけず、青空のように澄み渡っていたに違いない。

それは真に命を賭けた者のみが知ることのできる境地であり、中途半端な功名心や小さな出世のみを追い求める小者には絶対に理解できない深く大きな心であったろう。

『幸村君伝記』には、こうして大坂方は信繁を妬み、怒ったが、徳川方は「真田が殿の退口に、誠に思ひ切りたる有様抜群なり」と感心していたとある。

信繁の実力を心から認め、賛嘆していたのは、味方ではなく敵の方であった。

このときの信繁の戦いぶりは余程印象に残ったと見え、後にこのとき信繁と戦った伊達家は信繁の子たちを自家に引き取ることになる。

余談だが、『武徳編年集成』によれば、後藤又兵衛が和睦の評議の席で「籠城が始まって今に至るまで大名たちは味方に応ずる気配はなく、兵糧や玉薬は多いといえども限りがある。なおかつ、城内には疑わしい輩《やから》もいる。

城の南を守っている織田有楽の子の頼長などは、砲撃を止め、それでも砲撃する者がいれば罰しているという。（中略）例えば四日、前田・越前松平・井伊の兵が攻めてきたとき、城中すべてのものが力を尽くして戦い、女子供までが石を投げてそれを防ごうとしているのに、彼は秀頼様の親戚であり、一族として率先して防戦に励むべきなのに、風邪と称して、部屋に引き籠り、女と酒を飲んでいた。（後略）頼長でさえこの体たらくである。

まして、籠城が長くなると、皆の心は分からなくなる。家康が和議を求めているのを幸いに、和議を調え、時期を待つべきである」と主張したという。

これには信繁も「頼長のごとき将がこの有様では、士卒の士気が上がるはずなどない。これを敵というのである。これでは城の守りなどできるはずはない。和議は拒むべきではない。又兵衛の言う通りである」と和議に賛成したという。

もうこの時点で大坂城内の風紀は乱れ、とても団結して籠城できる状態ではなかったのであろう。

ここには、秀頼の親戚という立場をいいことに、自らは何の働きもしないで酒池肉林にふける織田頼長のことが書かれている。

そんな頼長らには、秀頼を主君として討死を覚悟して戦っている信繁らの心など、絶対に分かるはずがなかったろう。

この長頼の父、織田有楽は先に述べたように信長の弟であり、淀殿の叔父にあたるが、実は家康のスパイであり、その息子も推して知るべしといったところであったろう。あるいは、父

後藤又兵衛像（福岡市博物館蔵）

からは敵とあまり真剣に戦わないよう言われていた可能性もある。

また、大坂城にはかつて「織田信雄」と名乗っていた信長の子の織田常真もいたが、常真は秀吉から怒りをかい、下野（栃木県）烏山へ流されていたところを家康に助けてもらったことに恩義を感じ、晩年は家康の走狗となって大坂方の情報をすべて家康に流していた。これもスパイであった。

信長の一族で、淀殿を最も守らねばならないその血筋の者がこのていたらくである。これでは大坂方の団結、勝利など思いもよらなかった。

再びの宣戦布告

信繁が姉婿に手紙をしたためた同じ三月、京都所司代板倉勝重も駿府の家康に書状を出していた。

「大坂方は城の外郭に、塀、柵を設け、埋めた堀を掘り起こし、これまでより多くの牢人も籠り」と大坂方の不穏な空気を訴えた（『駿府記』）。

これを知った大坂方は家康に弁明の使者を送り釈明したが、豊臣家を滅ぼすことを決めている家康がこれを聞き入れるわけなどなかった。

家康は「秀頼が大坂を出て大和（奈良県）か伊勢（三重県）に移るか、雇い入れた牢人衆を大坂城からすべて追放するか、どちらかを選べ」と使者に迫った（『慶長見聞記』）。大坂方がそのどちらも呑めないことを知っての無理難題であった。

しかし、それでも大坂城が役に立たなくなった以上、大坂方は家康に頭を下げるしかなかった。大坂方は再び駿府に行き、「秀頼様の大坂からの移封だけは何としても免除していただきたい」と家康に懇願したが、家康は「それではどうにも仕方がない」とそれを却下した（『駿府記』）。

ここにおいて、大坂方は再び家康と戦う道を選ばざるを得なくなった。というより、家康にそう仕向けられたのである。

このとき、大坂城内では、牢人たちは「今さら他家に奉公もできます、自分たちを雇ってくれる大名家もなく、この上は運を天に任せて戦うべき」といきまいていたが、大野治長ら城方首脳はこのまま和睦を続けて時間を稼ぎ、家康が死ぬのを待つという考えをもっていたようである。

このため、大坂方では家康に使いを出したり、書状を送ったりして家康をなだめ、時間を稼ごうとしていた。

大坂城内は意見が和戦両方に分かれて収拾がつかなかったようで、その様子に愛想を尽かし、とうとう織田有楽も城を出ていく有様であった。

しかし、大坂方がどう出ようとも家康の腹は決まっていた。家康は何があっても大坂方を殲滅することを決めていた。だから、大坂方に時間稼ぎをさせるつもりなどまったくなかった。

翌慶長二十年（一六一五）四月、家康と秀忠は京都二条城で会談し、そこで軍を二つに分け一方は家康が率いて大和口（奈良、京都方面）から、一方は秀忠が率いて河内口（大阪府八尾市）から進軍し、大坂道明寺附近で落ち合う手順が決められた。総兵力十五万四千という途方もない大軍であった。そして、両者は五月六日に出発した。

家康は出陣にあたり「今度は手間もいるまじく候間、惣軍小荷駄も無用につかまつり、三日の腰兵粮ばかりにて罷り出づべし」（『大坂御陣覚書』）と言い、「あの小倅《こせがれ》めに何の具足（が要ろう）」（『大坂陣物語』）と具足すら着けなかったという。

大坂城の防御能力を奪った以上、もう勝負にはならないと家康は思ったのであろう。家康はこのとき七十四歳、当時としては大変な老齢というべきであるが、このように意気揚々としていた。

家康は大坂方との合戦が決まったときにも、がばっと太刀を抜いて、床に飛び上がったといい、『藤堂家文書』によれば「大御所様、今度の仕合せを御聞き成され、大かたもなく御若やぎ成され候間、御満足たるべく候」と、合戦と聞いて昨日まで病気がちであったとは思えないくらい元気になり、しかも若くなったという。

家康は幾多の戦の中であらゆる艱難《かんなん》辛苦を味わい、自分を高め生きてきた根っからの戦人であった。

後藤又兵衛討死

同じ五月六日、この情報に接した大坂方は大和口へ真田信繁、後藤又兵衛、毛利勝永らが、河内口へは長宗我部盛親、木村重成らが進撃し、敵を迎え撃つ作戦に出た。

ただ、信繁はこれ以前にも秀頼を先頭として宇治・瀬田での徳川軍迎撃作戦を取ることを主張している。だが、これも前と同じく大野治長らによって一蹴されている。

さらに信繁は家康本陣への夜襲も提言したが、これも結局まとまらず取り上げられることはなかった。信繁はここでも積極策を訴えていたのであった。

この五月六日、ここでは互いの連携のまずさから、大和口である道明寺・国分方面に向けて先発した後藤又兵衛が、六千の兵を率いて後続の部隊を待っている間に伊達・松平忠明隊二万三千に包囲され、信繁らが到着する前に戦死してしまうという事態が起こっていた。

又兵衛は道明寺の小松山山上に布陣し、敵の大軍を相手に「御手柄、源平以来あるまじき」（『芥川文書』）というほど奮戦したが、最後は力尽きて伊達隊の銃弾を受けて戦死したという。この合戦は午前四時から正午まで延々と八時間にもわたって繰り広げられた。緒戦は戦上手の後藤が押していったというが、時間が経つと敵に比べて兵数が少なく、兵を休ませる余裕のない後藤隊に疲れが見えてくるのは当然である。

まさに後藤隊は負けるべくして負けた。というより、この長時間の間に結果的に何らの援軍も送れなかった大坂方のミスは明らかである。

後藤が戦死したころ、やっと大坂方の薄田兼相《すすきだかねすけ》らが道明寺付近に到着したが、時すでに遅く、さらには後藤隊を壊滅させて勢いに乗る伊達、松平隊は薄田兼相をも討ち取ってしまった。

このとき兼相は三尺三寸の太刀を帯びて、軍勢の先に出て、辺りを払って駆けていったので、伊達・松平隊の兵士は兼相一人を狙って討とうとしたが、堅固な鎧を付けていたため、矢も当たらず、兼相は近づく敵を斬って落とすやら組み合った相手を組み伏して首を掻ききるやらの大活躍をした（『難波戦記』）。だが、多勢に無勢で、やがて力つきて討ち取られてしまったという。

伊達隊との対峙

そこに赤一色の具足に身を固めた真田隊三千と毛利勝永隊がやっとかけつけた。これも余りにも遅すぎた到着であった。

そこには勢いに乗る伊達政宗隊が待ち受けており、真田隊は必然的にそれと戦うことになった。この伊達隊の指揮をしていたのが、政宗の重臣片倉小十郎重綱であった。だが、ここでは、真田隊はその片倉率いる伊達隊をものともせず突撃し、そのあまりの奮戦にさすがの伊達隊も兵を退き、やがて両者は互いに対峙して睨み合う状況となった。

しかし、もう一方の大坂方河内口へ向かった木村重成隊も敗戦したため、大坂城から撤退の命令が信繁のもとに来た。そこで信繁は自らが殿をつとめて全軍を大坂城に撤退させることにした。

この河内口八尾・若江方面では、夜明けから戦闘が開始され、徳川方の藤堂高虎隊が八尾の長宗我部盛親隊と、井伊直孝隊が若江の木村重成隊とそれぞれぶつかり合って戦った。この戦いも正午まで行われた。ここでは長宗我部盛親隊が藤堂隊を追い詰め優位に立ったが、木村重成隊は井伊隊に破られ、壊滅したため、長宗我部隊も大坂城に退くしかなかった。

ここでは藤堂隊は「役に立つほどの人々は、残らず戦死をとげられ候」(『薩藩旧記』)というほどの犠牲を出した。

また、この戦で家康・秀忠による首実検が行われたのは木村重成ただ一人であったという。木村重成は冬の陣の今福の戦いで佐竹軍を相手に奮戦した勇士で、その名は家康・秀忠にまで知られていた。また、重成は、普段から討死を覚悟して兜の中に常に香を焚《た》いておくほどの潔さをもった武士であったという。

さて、『北川覚書』には「退却の際もっとも難しい殿を真田隊が引き受け、諸隊を後退させてから悠々と引き上げていった」とあることから、真田隊の奮戦に伊達隊も用心してそれを深追いすることはなかったのであろう。

同じく『北川覚書』によれば、信繁は退却するとき「関東勢百万の候へ、男は一人もなく候」と大声を上げて退却したという。

これは、一見感情的な言葉に見えるが、信繁はこの言葉を発することにより、戦いに負けたのではなく、名誉の撤退であることを味方に印象付け士気を保とうとしたのであろう。

このとき信繁が相手をした伊達隊というのは、翌日の五月七日、船場口で前に控えていた味方の神保隊を鉄砲で撃ち殺してまでも前進したというエピソードをもった命知らずの軍団であった。その伊達隊をも恐れさせた真田隊は、本当に強かったのであろう。

家康の執念

翌五月七日、天王寺口と岡山口において最後の戦闘が行われた。

このとき、天王寺口の総大将を家康が、岡山口を秀忠がつとめることになった。秀忠は軍議の席で天王寺口の持ち場を自分に任せてくれるよう家康に懇願したが、家康はそれを退けたという。

そこでは、天王寺口での激戦が予想され、そこが主戦場になるとの認識が秀忠にはあった。家康の嫡男秀忠としては、老齢の家康をそんな危険な戦場に送り出すことなど絶対にできなかった。そこで、強硬に家康に主張したが、家康も絶対に譲りはしなかった。

家康は最後まで現将軍秀忠をかばったといえるが、一方で、この合戦を起こした当事者として最後の最後まで自らが先頭に立って指揮を取るつもりであった。まさにこの戦いに対する家康の強い執念こそが徳川軍十五万を支える要《かなめ》であった。家康の戦う心は歳をとっても少しも衰えてはいなかったのである。

その天王寺口には本多忠朝、松平忠直、水野勝成、松平忠輝、伊達政宗らが配置され、岡山口の守りには前田利常、井伊直孝、藤堂高虎、細川忠興、前回江戸に留められた黒田長政らがついた。

ちなみに、福島正則は今回も参陣を許されてはいない。

きらびやかな真田隊

『大坂御陣山口休庵咄』には、信繁は「茶臼山に真っ赤なのぼりを立てて、赤一色の鎧甲に身を固めて布陣していた。その東には息子の真田大助が控えていた」とある。

また、『武徳編年集成』には、「茶磨山(茶臼山)には真田が赤備、躑躅《つつじ》の花咲きたるが如く、堂々の陣を張る」とあり、つつじの花のような鮮やかな真田の赤備えが一段と目立っていたことを伝えている。

『幸村君伝記』によれば、「左衛門佐殿、鎧は緋威《ひおどし》、冑は白熊《はぐま》付鹿の抱角を打ち、馬は日来秘蔵せられたる河原毛、鞍は木地金の六連銭の紋を置き、紅の厚総《あつぶさ》を懸けたり」といういでたちであった。ちなみに、「白熊」とは「東南アジア産カラウシの尾毛の白いもの」(小林計一郎『真田史料集』)だという。

まさに、信繁一生一度のきらびやかな武者ぶりであった。

真田隊（「大坂夏の陣図屛風」部分・大阪城天守閣蔵）

そして、信繁に従う精兵は、大谷吉治、渡辺内蔵助、伊木七郎右衛門などそうそうたるメンバーであった（『同』）。彼らは信繁に命を預け、最後の瞬間、命尽きるまで信繁と共に戦うことを心に決めた勇気ある同志であった。

茶臼山の東、かつての真田丸附近には毛利勝長・大野治長の隊がいて天王寺口を固め、治長の弟治房は岡山口を守った。
さらに、明石全登は敵の背後をつくべく、茶臼山の南に陣していた。

最後まで出陣しなかった秀頼

このとき、信繁の陣に大野治長がやってきて、敵の情勢を聞いた。信繁は「天下分け目の雌雄を今日決すべきです。秀頼様が出馬なされ、軍令を出されれば、兵たちは大いに勇気を得ることでしょう。何とかお願いできないでしょうか」と最後の場面に秀頼の出馬を願った。

だが、今度も秀頼は大坂城の本丸で近習に守られるばかりで、結局、出陣はしなかった。これについては、信繁が秀頼の出陣を強く要請したこともあり、秀頼はこれを受けて出陣の準備をしていたが、家康から講和の使者が来たため中止になったという話が伝えられている。

大坂方前線の武将は今日を決戦と決め、そこで討死する覚悟を決めていた。そんな彼らの心に報いるためにも、秀頼は何があろうとも出陣し、彼らに自らの雄姿を見せるべきであったろう。

しかし、最後までそれは空しい願いであった。信繁らは結局自分のために戦い命を捨てるしかなかったのである。

足並みが乱れた大坂方

信繁らはこの戦では、初めから家康・秀忠本陣を突くチャンスを狙っていた。それには、大坂方が一丸となって敵の攻撃を食い止め、敵を散らし、やがて手薄になる家康、秀忠の本陣を一挙に狙うという筋書きを描いていたものと思われる。

というのは、大野治房はその書状の中で、「敵が押し寄せてきても岡山・茶臼山より前には出ないこと、真田・毛利と申し合わせ、軽率に合戦を始めぬよう注意せよ」と呼びかけているからである。

治房はさらに「今日一大事、天下分け目の決戦であるから、抜け駆けのないよう軍法を守ることが大切である。とにかく敵を引き寄せて戦ったならば、必ず味方に勝利があろう」と訴えている。

しかし、信繁らのこの目論見は緒戦から崩れてしまうことになった。

というのは、徳川方先鋒本多忠朝の鉄砲の挑発に乗り、毛利勝永隊が勝手に動き出してしまったからであった。

だが、徳川方にも功名をあせっている部隊があった。

それは松平忠直の部隊であった。というのは前日家康に八尾・若江の戦いで藤堂・井伊隊の苦戦を救うことなく傍観していたことを叱責され、憤激のあまり、死をもって自らの汚名を雪《そそ》ぐことを決めていたからである。

毛利勝永像
（「大坂夏の陣図屏風」部分・大阪城天守閣蔵）

そのあせりが性急な攻めとなって表れた。松平忠直一万三千の軍は他の軍との連携を無視して、正午近くに勝手に茶臼山の前に進軍してきたのである。

その日の先手は本多忠朝隊七千と定められていたことから、忠直の隊は明らかに抜け駆けをしたことになる。

そうなると今度は本多隊も意地でも松平隊を出し抜いて突撃を開始しなければならない。そんな状況では兵の動きは指揮の取れた整然としたものではなく、無秩序なものになってしまう。

だが、大坂方も毛利隊が勝手に動いたことにより、無秩序になってしまっていた。

ここではそれぞれの隊が思い思いに動かざるを得ない状況となった。

死を賭けた突撃

そこで、信繁は敵の混乱に乗じて一丸となって松平忠直軍に前面側面から突撃していった。

『幸村君伝記』によれば、秀頼の出馬もなく、味方の足並みも揃わぬ今、今はこれまでぞと信繁が伊木遠雄らを招いて「いざや死出の旅路の用意せん」と言うと「何れも尤也《もっとも》」と彼らは思い思いにその支度をしたという。

信繁と共に戦い、共に死んでいくことができるなら、彼らは本望であった。

信繁と一緒に過ごした時は人生の中のほんの短い時であったかもしれない。だが、彼らは自らの命を預けても悔いのない信繁と出会い、共に生死を賭けて戦うことができた。

その一日一日は彼らにとってかけがえのない宝のひと時であったに違いない。そして、今、その最後の一時を信繁と共に戦い、共に死んでいくことができるのである。そんな彼らに何の後悔などあったろう。

しかし、敵は一万三千の大軍である。先に進めば進むほど真田隊にも多くの犠牲者が出た。だが、それでも真田隊はひるむことなく、松平軍の中を強行突破していった。その先には家康本陣があった。

『幸村君伝記』には「左衛門佐殿は、味方悉《ことごと》く敗走し、或は討たるるに、少しも気を屈さず、真丸に成りて駆破り駆けなびけ、縦横に当りて、火花をちらして揉み立てられける。此の時、家康公の御先手敗軍して、御旗本へこぼれ懸かりける程に、御本陣もひしぎなびきて、既に危ふき事両度まで有りしと也」とある。

家康本陣を守っていた旗本たちは、まさかそこまで敵の兵が来るとはまったく予想もしてはいなかった。そこに、突然、全身を真っ赤な鎧甲に包んだ真田隊が突入してきたのである。旗本らも次々と兵を繰り出してはいったが、急な襲撃を受け心の準備が出来ていなかったがゆえに、信繁の三度の突撃に耐えられず、最後は恐怖のあまり本陣を捨てて我先にと逃げていく有様であった。

真田隊(左側)**の突撃**(「大坂夏の陣図屏風」部分・大阪城天守閣蔵)

真田日本一の兵

薩摩藩島津氏の家臣の記録『後編薩藩旧記雑録』には「五月七日に御所様の御陣へ、真田左衛門佐かかり候て、御陣衆追ちらし討捕り申し候。御陣衆三里ほどづつにげ候衆は、皆々いきのこられ候。三度めにさなだもうち死にて候」と記されている。

また、『本多家記録』には「幸村は十文字の槍をもって家康様を目掛けて戦わんと心掛けていた。家康様はとても敵わないと思い、植松の方に退いていった」とある。

さらには『三河物語』には「(家康の旗は)武田信玄と戦った三方ヶ原の合戦の時、一度崩れたことがあるが、それより後の戦においては(大坂の陣での信繁の突撃まで)御旗が崩れたことはない」と信繁に攻め込まれ、家康の本陣が大きく乱れたことを伝えている。

『山下秘話』は「真田は五月七日の合戦にも、家康卿の御旗本さして一文字に打ちこむ、家康卿御馬印を臥さする事、異国はしらず、日本にはためし少なき勇士なり、ふしぎなる弓取なり」と述べ、その働きを絶賛している。

信繁は二度家康の本陣を突き崩し、その首を取らんと突進していった。しかし、徐々に少数となっていった真田隊はやがて全滅し、ついには信繁自身も力尽きて壮絶な最期を遂げた。

この様子を先の『後編薩藩旧記雑録』は「真田日本一《ひのもといち》の兵《つわもの》、いにしへよりの物語にもこれなき由」と、さらに『細川家記』は「幸村、合戦場において討ち死に。古今これなき大手柄」と絶賛している。

『翁草』も「そもそも信州以来、徳川に敵すること数回、一度も不覚の名を得ず、徳川の毒虫なりと世に沙汰せり、当世の真田を非ずして誰ぞや。絶等離倫、一世の人物、今にいたりて女も童もその名を聞きてその美を知る」と最大の賛美の言葉を送っている。

家康の旗本のだらしなさ、それにひきかえ信繁の見事な戦い振り、そしてその死に様は、敵徳川方の武士たちをも大きく感動させたのであった。

まさに信繁は、武士として真田の名を歴史に残す大きな花を咲かせて、壮絶な最期を遂げたのである。享年四十九歳。

このとき、伊木七郎右衛門遠雄らも信繁と共に戦死している。『落穂集』によると、伊木は「冬の陣でも信繁の手に属して武功をあげ、徳川方にもその名を知られるようになった。ひとえに、信繁と共に戦えるということは何という幸せであろうか」と述べていたという。

また、岡山口では大野治房隊が善戦し、激しい攻防が繰り返されていた。『駿府記』によれば「関東勢少し敗北の処、幕府自ら麾《さい》を執らしめ進ませ給う云々」と秀忠自らが槍を取って戦ったことを伝えている。『後編薩藩旧記雑録』には「将軍様方の御旗本衆、何れも諸大名逃げ成られ候」とある。秀忠を守る旗本は我先にと逃げ出してしまい、そのため秀忠自ら槍を取るという状況になったのであろう。

だが、最初こそ大坂方が優勢であったものの、やがて数でまさる徳川軍がそれを圧倒し、やがて大坂方諸隊はそのほとんどが壊滅してしまった。

真田大助、父子の別れ

『真武内伝』によると、信繁は死に臨んで息子の大助に「お前は秀頼様に従え。もし、戦い敗れて秀頼様が自ら命を絶たれるようなことがあれば共に腹を切ってお供せよ」と伝えたという。

そこで、大助は父の必死の言葉に、父の死を見届ける間もなく大坂城に戻っていったという。

『武林雑話』によれば、五月七日の最後の合戦前に信繁は、秀頼の出馬が延びたことを聞いて大助を人質に入れることにした。信繁は何としても、秀頼に戦場に出てもらいたかったのである。

そのことを信繁が大助に話すと、今年で十五になった大助は「今日の戦に父上は御討死の覚悟とお見受けします。私は生まれて十五歳の今日まで、父母のもとを片時も離

真田信繁像
(「大坂夏の陣図屏風」部分・大阪城天守閣蔵)

れませんでした。去年、お城に入るに及んで、母上とはお別れいたしましたが、その後のやりとりで『命長らえて会いたいことは山々ですが、あなたは父の御最期を見捨て生きて戻ることなどしてはなりません。同じ枕に討死して、真田の名を上げなさい』と常々母上から言いつかっております。だから、私はお城に入ることなどできません」と信繁の鎧の袖に取り付いて泣いたので、信繁もそばにいた将兵も泣かぬ者はなかったという。

しかし、信繁は涙を拭って大助を睨んで「武士の家に生まれた以上、忠義名利を大切にしなければならない。父母を忘れ自分の身を忘れ、城へ入り、秀頼公御最期のお供をするのもそのためなのだ。もし、そこで死んでもお前とは冥土で巡り会うことであろう。しばしの別れを悲しむことなど弓矢の家に生まれた者としては未練である。早々に城に入りなさい」と大助の手を振り払うと、大助は名残惜しげに信繁を見て「そこまで仰るならお城へ参ります。来世では必ずお会いいたしましょう」と言い、信繁と別れ城に入ったという。

秀頼母子の助命嘆願を無視した秀忠

このころ、大野治長は家康の孫娘千姫を脱出させて、家康の陣営に送り、それで秀頼母子の助命を家康に嘆願するつもりであったようである。

また、『駿府記』には「秀頼並ニ御母儀、命ヲ御助クルニ於イテハ、修理ヲ始メ各ノ各ノ切腹仕ツルベキノ由、則チ上野介披露」とあり、さらに千姫を送り届けた後は自らの切腹をもって秀頼と淀殿の助命を請うつもりであったようである。

毛利秀元の書状によれば「大御所様は、将軍次第と御意を成され候」とこの申し出に家康は自ら答えを出さず、最終判断を秀忠に仰ぐよう指示したことが分かる。

そして、秀忠は「はや一度ならぬ事、早々に腹をきらせ候へのよし」（同書状）と秀頼母子許しがたしとの判断を示したのであった。

こうして、家康は最後は現将軍秀忠の意思に一切を任せたのである。

『駿府記』に「秀頼並ビニ御母儀、其ノ外女中数輩、大野修理母子、速水甲斐守、其ノ外山里郭ニ間五間ノ庫ニ取籠リ給フ」とあるように、秀頼、淀殿と側近たちは大坂城山里郭の矢倉に避難して最期のときを迎えようとしていた。

大助も何とか大坂城に入り秀頼が身を潜めているその矢倉の前に座ってがんばっていた。そこでは、秀頼のお供三十四人がみな一箇所に詰めていたという。

『武林雑話』によれば、大助は父信繁のことが心配で、城中に逃げてきた人をつかまえては「真田左衛門佐はどうなったでしょうか」と人毎《ごと》に聞いた。すると「真田殿は天王寺前において、大勢の敵の中に駆け入り馬上で戦われましたが、最後は敵に槍十本で槍玉に上げられ討死なされました」との返事が返ってきた。大助はそれを聞き、涙を流して、何も言わず、故郷の母と別れる時、これをもって討死せよと母がくれた水晶の数珠を、鎧の引き合わせから取り出し、念仏を唱え、秀頼の自害の時を待ったという。

真田大助の殉死

『大坂御陣覚書』によれば、それを見た豊臣方の取り次ぎの武士甲斐守久が大助の側にきて「真田は豊臣譜代の家臣ではない。牢人としてこの城に入り、戦ったに過ぎないではないか。秀頼様の最期を見届けることはない。まして、お前はまだ若い。それに昨日の合戦で内股に傷をも負っている。早くここから逃げなさい。真田信吉(信之の子)様の御陣までお送りいたそう」と大助を何度も諭したという。

しかし、大助は頑として聞き入れず、「父信繁は昨日の昼、茶臼山において『自分はここで討死することになろう。お前は秀頼様の最期のお供をするように』と言いつかって別れました」と言い庫の前に藁《わら》を敷き、食事もとらずにがんばっていたという。

『武林雑話』によれば、大野治長が最期の時を知らせると、大助は秀頼の小姓に混じって武具を脱ぎ西に向かって手を合わせ、彼らと一緒に一度に声をかけ切腹したという。真田大助このとき十五歳とも十六歳ともいわれている。

大助は父信繁をこよなく愛し心から尊敬していた。それゆえの父の遺言を固く守っての健気な死であった。

この大助の姿を見聞きしたものは皆、誠に武士の子であると誉めぬ者はなかったという。信繁は大助がこのまま戦場から逃げてもやがては見つけ出されそこで殺されるか、運よく一命を取り留めても自分と同じように一生を流人として送るかだと、その行く末をも考えていたのであろうか。

だとしたら、最後の最後まで真田家の武士として、華々しく後代に名を留める死に場所を探してやったといえるのかもしれない。

このとき、信繁の兄信之は病床にあり、大坂の陣には息子の信吉、信政を名代として送っていた。彼らは河内口の井伊直孝に随行していた。

信之は重臣たちに書状を送り、十九歳の長男信吉を盛り立てるよう頼んでいる。特に信之は豊臣方に弟信繁がいることから、その気の使い方は尋常ではなかったことが想像できる。

事実、五月七日の激戦では上田の真田隊は大坂方から二十九の首を取り、三十二人の犠牲者を出している。そこでは、徳川方に忠心を見せようと遮二無二戦っている上田真田隊の様子が目に浮かぶようである。

そんな彼らは叔父信繁、いとこの大助の大活躍と壮絶な死をどんな思いで受けとめていたのであろうか。

大坂城炎上

大坂城落城は「七ツ」時分、すなわち午後四時ごろであったが、城を焼き尽くす炎は夜半まで京都御所からも見えたという。

島津家久は大坂方もよく奮戦したが「大御所様御運つよき故にて御勝に罷り成り候事」(『薩藩旧記』)と家康の勝運の強さが勝負を決めたとこの戦いを振り返っている。だが、そうであったとしても、その勝負運を引き寄せたのは家康の並々ならぬ勝利への執念であったことは間違いなかろう。

また、同じ『薩藩旧記』は「今度大坂御城の衆、合戦の様子、さてさて昔にも今にも比類なき手柄、筆舌に尽くしがたく候」と大坂の奮戦ぶりを賞賛し、『細川家記』は「半分は徳川方、半分は大坂方の勝ちであったが、こちらの人数が数段多かったので勝つこと

焼土層が残る豊臣氏時代の大坂城石垣
（大阪城天守閣蔵）

ができたのだ」と、結局のところ勝敗は人数の差であったと冷静に分析している。

　長崎在住のスペイン商人アヴィラ・ヒロンはこの大坂の戦いを「野蛮・汚辱・卑怯・裏切・忘恩」と言い、家康を恥知らずの悪人と評した（松田毅一「在日欧州人はどちらにかけたか」『歴史と人物　全貌大坂の陣』）。

『日本基督教史』によれば、「（合戦の終わった）戦場は死人の原と変じ、死屍は河川を埋めて堤防を築き」人々は川を渡るのに少しも足を濡らすことがなかったという。

また、『三河物語』によると、大坂方で助かった者も、ことごとく具足を脱ぎ捨てて身一つで逃げるのがやっとだった。そこでは「裸にて女子もにげちる」という有様であったという。

逃げまどう女たち（「大坂夏の陣図屏風」部分・大阪城天守閣蔵）

「大坂夏の陣合戦図屏風」には、それらの様子が克明に描かれている。そこでは、彼ら落人を狙ってその後を盗賊たちが追いかけ金品を巻き上げたり、徳川方の兵士たちもめぼしい婦女がいればそれを拉致し連れて帰ったりという行為が盛んに行われていた。

大坂城の落城は、敗者の大坂方にとって見るも無残なこの世の地獄絵を現出していたのである。

終章　真田家の意地

破壊されていた上田城

豊臣家を滅亡させ、徳川家にとって将来にわたる最大の不安材料を取り除いた大御所家康は翌元和二年(一六一六)四月、駿府城で息を引き取った。

ここに駿府・江戸という二元政治は終わりをつげ、江戸の将軍秀忠のもとに一切の権力の集中が行われることになった。

家康の死の翌年元和三年(一六一七)、将軍秀忠の上洛に際して、真田信之は病を押して随行した。このころから、信之の病状は快方に向かっていったようである。

元気になった信之は本格的に上田に移り、上田を真田家の本拠にふさわしく整備したいと考えるようになった。何より、上田のある小県は滋野一族の発祥の地という真田家にとっては聖地ともいうべき地であったのである。

信之は嫡子信吉を沼田城に置き、次男信政とともに上田に入った。

だが、その上田城は、関ヶ原合戦の後破却され今では影も形もなかった。

徳川幕府が江戸時代初期に編纂した『寛永諸家系図伝』の大井政成の項には「関が原御帰陣の後、真田の城にいたりて堀を埋め、塀をこぼちてその城を守る、そののち鈞命《きんめい》によりて城を真田伊豆守信幸にわたす」とある。

これによると、関ヶ原合戦後に破壊され廃城となった上田城を鈞命つまり徳川家康の命により真田信幸（後に信之と改名）に引き渡したというのである。

この記述から、金箔瓦で覆われ絢爛豪華であった真田氏の上田城は、建物や塀はすべて壊され、城の周囲をめぐっていた堀もすべて埋められてしまったことが分かる。

家康は後に秀吉時代の大坂城を壊して地下に埋め、さらには伏見城も跡形もなく壊しているが、その豊臣政権の存在を色濃く残し、さらには二度にわたって徳川軍を打ち破った上田城もこの世から消し去ってしまいたかったに違いない。

この上田城の破却は慶長六年（一六〇一）の前半に行われたものと考えられているが、元和七年（一六二一）の絵図によると、上田城の中心部は「古城本丸」「ウメホリ」「畑」などと記されており、上田城が廃城になってその跡が畑になっていたことが分かる。

上田城の再築を許さなかった幕府

その後、上田城は真田氏移封後の寛永三年（一六二六）から始まった仙石氏による再築工事の際、埋められていた堀を掘り上げられて堀だけは元に戻されたようである。

それは、寛永三年（一六二六）に仙石忠政が家臣に与えた覚書に「なわばりの時、古城ゆがみこれ在る所候はば、たといほり口十五間外ひろく成り候共、ここ向かいのゆがみをとり候てほり、すぐ(まっすぐ)に仕るべき事」とあり、古城すなわち真田時代の城の堀にゆがみがあった場合は真っ直ぐにするようにと指示していることから分かる。

また、そのことから、上田城の建物などは大きく変わってしまったものの、仙石氏再築の上田城は本丸、二の丸などの曲輪の基本的な配置は真田時代のものを踏襲したことは間違いない。

仙石氏は埋められていた堀を掘り返し、要所に石垣を築きという土木工事を始めたのだが、仙石氏が上田城に入った寛永三年(一六二六)という年は「武家諸法度」により城の築城が大きく制限されていた時期でもあった。

この法度によりきらびやかな城や立派な城などを作ることは制限され、さらには、築城の陣頭指揮に当たっていた城主の仙石忠政自身も築城の途中で亡くなってしまったことから、仙石氏は幕府の方針に従順に城を極力質素に築いたのである。そのため、上田城は本丸部分を除いては未完成であったといわれている。

さらに、その再築上田城には天守閣などはなく、それに代わる櫓も二層程度のものが本丸に七基あっただけ、城は中心の本丸のみに門・櫓を配しただけで、二の丸や三の丸には櫓はおろか塀すらもなかった。再建時の厳しい事情から、そういう特異な状況が生まれたのであろう。

今日、我々が見る上田城はこの仙石氏再築の上田城であり、真田時代の上田城ではない。話は元に戻るが、信之が入った上田では、上田城はすでに破却されており、そこはもはやただの荒れ地になっていた。

そこで信之は幕府に上田城の修築を願い出たが、許可はなかなか出なかった。それは一つには幕府の出した一国一城令により、一つの領国に二つの城を築けないという事情による。真田氏の領国にはすでに沼田城があった。

だが、実際には沼田は長男信吉が領する地であり、上田は信之独自の領地であったはずで、そこに拠点となる城が必要なことはいうまでもなかった。事実、沼田城は慶長十二年（一六〇七）には五層の天守閣が建てられて再び生まれ変わっているのだ。

だが、幕府には上田城は徳川家を二度にわたって打ち破った因縁深い真田の城という認識があったのであろう。

さらには上田の領民と真田氏の長年の強い結びつきも幕府には警戒すべきものと映っていたことだろう。その象徴が上田城であった。

信之はせめてかつての本丸だけでも整備したいと思っていたようだが、幕府は頑として真田氏に上田城修築の許可を出すことはなかった。

戦国の体制を変えなかった真田家

真田氏の領国経営は二つの大きな柱からなっている。

その一つは貫高制の採用、そしてもう一つが寄親寄子《よりおやよりこ》制を採用していることである。

これはまさに真田氏がかつて仕えた戦国大名武田氏以来の戦国時代の体制そのものであるといえる。

だが、他の大名たちが太閤検地による全国的な石高制を採用し、兵農分離を進め、城下町に家臣たちを集住させそこで知行を与える近世的な大名に次々と移行していく中で、なぜ真田氏はあえて旧態依然とした戦国大名以来の体制をそのまま継続させようとしたのであろうか。

それは、一つには真田氏が本拠地とする信濃小県という地域のもつ独自性による。

小県は海野氏発祥の地であるとともに、古代から戦国時代まで海野氏が領主として君臨してきた地でもあり、真田氏にとって特別な意味をもっていた。そこには他に見られない領主真田氏を中心とする領民たちとの強い結びつきがあり、真田氏としてはそれを維持することにより、より強固な体制を作り上げる必要があった。

そのため、信之の父昌幸は戦国以来の貫高制と寄親寄子制をそのまま採用した。昌幸は家臣団とその知行地の領民との強い結びつきを維持しながらも、一方で戦国時代とは異なり領主である真田氏への権力を集中強化しようとしたのである。

貫高制の意味

貫高制が石高制と異なるのは、それが単に土地の米の収穫高を表したものではないということである。その目的は家臣の所領を安堵し、合戦時には軍勢や戦費を負担して参戦させることにあった。

つまり、貫高制は石高制のように年貢の徴収のみが目的なのではなく、家臣たちによる軍役負担を明確にするための軍事優先の体制であったといえる。

真田氏の領地は自らの直轄領である御料所と家臣の知行地の二つからなるが、真田氏の検地台帳には御料所に土地の生産力を示す蒔高と貫高が示されているのに対し、家臣の知行地には貫高しか記されていない（横山十四男「真田昌幸の領国経営」『真田昌幸のすべて』）。

このことは、真田氏の主たる関心事は家臣たちの知行地の生産高ではなく、彼らの軍役負担に向けられていたことを如実に物語っている。

言葉を換えると、知行地の生産高は家臣たちにとっては大きな関心事ではあっても、真田氏にとってはそんなことより彼らがどのくらいの軍役を負担してくれるのかが問題であったといえる。そのため、真田氏は太閤検地による石高制への移行をあえて行わず、貫高制をそのまま通したのである。

太閤検地は、土地の生産高を明確にすることの他に、兵農の分離を行い、家臣たちを本来の知行地から引き離して城下町に居住させることにその目的があった。

つまり、領主による家臣団に対する権力の強化にその大きな意味があったといえる。その意味では真田氏にとっても一面歓迎すべきものがあったといえるが、小県という特殊な地にはそれはそのままあてはめることはできなかった。

昌幸は、貫高制を採用し、さらには兵農分離をせずに広範に領民を結集できる寄親寄子制を取ることで家臣たち武士が在地に残り、領民たちと密接な関係性を保つ方がより軍事的に強固な体制を作ることができると考えた。

昌幸はたとえ与えられた所領は小さくとも小県を中心とした強固な軍事力をもった領国を築き、そこからさらなる飛躍を目指していたものと思われる。

つまり、貫高制、寄親寄子制の採用の背景には真田氏の大いなる野心が潜んでいたとみるべきであろう。

信之は父の遺領上田に移ってもなお貫高制と寄親寄子制にこだわった。そこではもう戦のない平和な時代を迎えようとしていたが、信之は頑なに昌幸以来の真田家の伝統を守り続けようとしたのである。

「真田家はたとえどんなに時代が変わろうとも、昌幸以来の戦国の体制を貫いていく。それこそが真田家の原点であり、真田家発展の礎《いしずえ》である」。信之はこれから何代も続いていくであろう真田家の子孫たちに、そのことだけは忘れないでいてほしかったのであろう。

そして、それだけは権力者が何と言おうとも絶対に譲れない、真田家の意地であった。

徳川幕府が恐れた領民との絆

だが、一方で真田氏のとる戦国以来の体制は、中央の権力者にとっては不気味な存在と映ったはずである。特に上田城において二度も昌幸に撃退された徳川家は、なおさらその想いが強かったに違いない。

そこで幕府としては、この真田氏の体制を実質的に解体すべく措置を取らねばならなかった。

その一つが上田城を痕跡も残らないほど破壊し、使用不能にすることであった。だが、家康の時代には、父昌幸が豊臣方につく中で袂を分かち徳川方についた昌幸の嫡男信之に昌幸の領地をそのまま与える形で真田家の領地を安堵し、領地替えを行うことはしなかった。

真田家が領地替えを言い渡されたのは、家康が死んで秀忠の時代になった元和八年（一六二二）八月のことである。

上田城を復興し、徳川政権のもとで新たな滋野領国を形成することを目指していた信之は突然江戸城に呼ばれ、そこで唐突に松代への移封を言い渡された。

このとき、将軍秀忠は直々に信之に「松代は名城といわれ、北国のかなめの要害である」と語り、「その地を任せられるのは真田信之をおいて他にはない」との意向を示し、信越国境の重要な地への移封であることを強調した。

だが、秀忠は上田・小県が真田家にとって特別な地であることは十分に認識していたことであろう。

しかも、新たな領地は幕府の実力者酒井忠勝の領地であった信州松代（長野県長野市）であった。

幕府は真田を上田にそのまま置いておくことの危険性を何よりも感じていた。そこでの真田氏と領民との結びつきの強さは、幕府の最も警戒するところであった。しかも移封の時期は将軍秀忠が隠居を表明し、将軍職を家光に譲る直前であった。

そこではまさに、幕府は新たな体制を作るにあたっての大きな不安材料を取り除こうとしていたのである。

そこで、酒井忠勝を出羽庄内鶴岡城（山形県）に移し、その旧領信濃松代に信之を入れることにしたのであった。

信繁に心酔した片倉重綱

伊達政宗の重臣片倉小十郎重綱はかつて夏の陣、慶長二十年（一六一五）五月六日の戦いで信繁と戦い、その見事な采配ぶりを目前で見、感動を抑え切れなかった。また、翌日、信繁が家康の本陣を三度も襲い、家康を最後まで追い詰めたという評判を聞き、信繁に心酔するばかりであった。

その片倉小十郎は、大坂の陣後、信繁の娘を妻にしている。だが、そのやり方は少々強引である。というのは、小十郎は信繁の娘を戦場で生け捕りにし、連れ帰って妻にしたというのである。

それればかりではない。

信繁の娘を妻にした小十郎は、片倉家の家紋まで六連銭に変えてしまったというのである。小十郎は自らの家に英雄真田信繁の血を何としても入れたかった。そして、それを何より自家の誇りにしたかったのであった。

ただ、片倉小十郎が信繁の娘を妻にしたいきさつについては、別の話も伝わっている。『老翁聞書』によれば、信繁は大坂城に留めておいた娘阿梅を決戦の前日の五月六日の夜に片倉小十郎に託したというのである。

信繁は敵ながら、片倉小十郎を頼むに足る人物と見抜いたのであろう。

伝片倉小十郎重綱(重長)所用
黒漆塗五枚胴具足(仙台市博物館蔵)

また、『仙台真田系譜』によれば、小十郎は阿梅ばかりではなく、同じく娘のおかねや次男大八までも保護していたという（小西幸雄「幸村二男は伊達家家臣になっていた」『奮迅真田幸村』）。

このことから、信繁は大坂城には大助ばかりではなく他の子供たちも連れてきていたことが分かる。

信繁は家族をすべて置き去りにして大坂城へ入城したわけではなかったのである。

危険を顧みず信繁の子をかくまった伊達家

大坂落城後の幕府による落人狩りは徹底して行われ、大坂方の武士の子、特に男子は殺され、家は根絶やしにされたという。

その中にあって、伊達家が真田信繁の子をかくまうことには大きな危険がともなっていたことはいうまでもない。

以下の話は、「幸村二男は伊達家家臣になっていた」（小西幸雄／『奮迅真田幸村』）に拠る。

伊達家では、政宗の代こそ大八を召し抱えなかったが、政宗の死後その跡を継いだ忠宗のときに、大八を仙台藩士として真田四郎兵衛守信と名乗らせ召し抱えようとした。

だが、真田という名に疑惑をもった幕府は守信の家系の調査を命じてきたのであった。

しかし、このことをあらかじめ予想していた伊達家は、守信は信繁の父昌幸の弟信尹の子の政信の子であるという偽の系図を創作して幕府に提出したというのである。

伊達家はそこまでして守信を守り通したのであった。伊達家にとって、真田信繁という存在がどれほど重要な意味をもっていたかを物語るエピソードである。

この後、守信は片倉沖之丞と改名して千石の知行を受け、食客として伊達家に仕えた。ただ、幕府への遠慮から家紋は「六連銭」ではなくもう一つの真田家の家紋「結雁金」とした。

この真田の「結雁金」の家紋については、延宝元年（一六七三）十一月に松代藩主真田幸道が仙台藩主伊達綱村に招かれたとき、仙台藩の接待役の中に「結雁金」の家紋をつけている武士をみつけ、その由来を尋ねたというエピソードが残っている。その武士は守信の子辰信であった。

真田家の英雄ともいうべき信繁の血を引く武士をみつけた幸道の驚きと感動はいかばかりであったろう。

片倉と名乗った大八の家系が再び真田姓に戻るのは、正徳二年（一七一二）二月のことであった。

そのころには守信は亡くなり、その子辰信の時代になっていたが、その辰信に「将軍家を憚《はばか》るに及ばざる」という内命があり、それによって辰信は片倉という姓を再び真田に戻したのであった。

しかし、辰信は真田姓に戻ると同時に、食客として拝領していた千石の知行を伊達家に返還したのであった。

理由は「功なくして賜る世禄の恩、報いざる可からず」という仙台真田家の家訓を守るためであったという。

思えば、仙台真田家はただ信繁に連なる家系であるという理由だけで知行を受けていたわけであり、それは実力で勝ち取ったものではなかった。

真田家は武門を誇りとする家であり、武で勝ち取ったもの以外は受け取るいわれはなかった。

辰信は信繁の子孫としてその意地をどこまでも貫いたのである。

主要参考文献

一般図書雑誌

小林計一郎『真田幸村』（新人物往来社・昭和五十四年）
小林計一郎『真田一族』（新人物往来社・昭和五十四年）
小林計一郎編『真田幸村のすべて』（新人物往来社・平成元年）
小林計一郎編『真田昌幸のすべて』（新人物往来社・平成十一年）
小林計一郎『真田史料集』（人物往来社・昭和四十一年）
柴辻俊六『真田昌幸』（吉川弘文館・平成八年）
笹本正治『真田は日本一の兵　真田三代』（ミネルヴァ書房・平成二十一年）
笹本正治『武田氏の信濃支配』（名著出版・平成二年）
東信史学会『真田一族の史実とロマン』（東信史学会・昭和六十年）
米山一政ほか『真田一族のふるさと』（信濃毎日新聞社・昭和六十年）
寺島隆史ほか『真田三代と信州上田』（週刊上田新聞社・平成十九年）
磯貝正義『定本　武田信玄』（新人物往来社・昭和五十二年）
三池純正『真説・智謀の一族　真田三代』（洋泉社・平成十八年）
三池純正『守りの名将　上杉景勝の戦歴』（洋泉社・平成二十一年）
三池純正『敗者から見た関ヶ原合戦』（洋泉社・平成十九年）
桑田忠親『太閤史料集』（人物往来社・昭和四十年）
下山治久『小田原合戦』（角川書店・平成八年）
下川亨『石田三成とその子孫』（新人物往来社・平成十九年）
花ヶ前盛明編『大谷刑部のすべて』（新人物往来社・平成十二年）

藤井治左右衛門『関ヶ原合戦史料集』(新人物往来社・昭和五十四年)
桑田忠親『徳川家康』(角川書店・昭和五十九年)
二木謙一『徳川家康』(筑摩書房・平成十年)
中村孝也『徳川家康文書の研究』(日本学術振興会・昭和三十四年)
桑田忠親『徳川家康の手紙』(角川書店・昭和五十八年)
笠谷和比古『関ヶ原合戦』(講談社・平成六年)
小和田哲男編『関ヶ原から大坂の陣へ』(新人物往来社・平成十一年)
小和田哲男『関ヶ原合戦のすべて』(新人物往来社・昭和五十九年)
藤井尚夫『フィールドワーク関ヶ原合戦』(朝日新聞社・平成十年)
渡辺　武『豊臣秀吉を再発見する』(新人物往来社・平成八年)
岡本良一『大坂冬の陣夏の陣』(創元社・昭和四十七年)
「闘将幸村と真田一族」『別冊歴史読本』五〇(新人物往来社・平成十五年)
「奮迅真田幸村」『歴史群像シリーズ戦国セレクション』(学習研究社・平成十二年)
「真田三代」『新歴史群像シリーズ』一〇(学習研究社・平成十九年)
「真田戦記」『歴史群像シリーズ』七(学習研究社・昭和六十三年)
「激闘大坂の陣」『歴史群像シリーズ戦国セレクション』(学習研究社・平成十二年)
「全貌大坂の陣」『歴史と人物』昭和五十七年十一月号(中央公論社・昭和五十七年)
「豊家滅亡！大坂の陣」『歴史読本』昭和五十六年三月号(新人物往来社・昭和五十六年)

地方史等

『上田市誌　歴史編二』
『上田市誌　歴史編三』
『真田町誌　歴史編』

『沼田市史 通史編一』
『長野誌 歴史編近世一』
『真田氏史料集』(上田市立博物館)
『上田城』(上田市立博物館)
『金箔瓦の城』(上田市立博物館)
『真田氏館跡』(真田町教育委員会)

古典・古記録等

『真田家文書』
『慶長年中卜斎記』
『加沢記』
『上杉家御年譜』
『駿府記』
『当代記』

論文

光成準治「関ヶ原前夜における権力闘争—毛利輝元の行動と思惑」(『日本歴史』七〇七号　吉川弘文館・平成十九年)
峰岸純夫「信濃・上野における戦国の終焉」(『信濃』第五三巻第八号　信濃史学会・平成十三年)
二木謙一「史上最大の攻防戦」(『歴史と人物』　中央公論社・昭和五十七年)
河合秀郷「真田丸攻防戦」(『歴史群像シリーズ』　学習研究社・平成十二年)
桐野作人「大坂陣幸村家臣団」(『歴史群像シリーズ』　学習研究社・平成十二年)
小西幸雄「幸村二男は伊達家家臣になっていた」(『歴史群像シリーズ』　学習研究社・平成十二年)

寺島隆史「真田一族と幸村の出自」（『別冊歴史読本』新人物往来社・平成十五年）
宮本義巳「幸村と豊臣秀吉」（『別冊歴史読本』新人物往来社・平成十五年）
小林計一郎「上田籠城戦」（『別冊歴史読本』新人物往来社・平成十五年）
松田毅一「在日欧州人はどちらにかけたか」（『歴史と人物』中央公論社・昭和五十七年）
横山十四男「真田昌幸の領国経営」（『真田昌幸のすべて』新人物往来社・平成十一年）

〔著者紹介〕
三池純正（みいけ よしまさ）
1951年福岡県に生まれる。歴史研究家。日本作家クラブ会員。工学院大学工学部卒業。戦国期の歴史の現場を精力的に踏査。現場からの視点で歴史の定説を見直す作業をすすめている。
主な著書に『義に生きたもう一人の武将石田三成』（宮帯出版社）、『真説・川中島合戦』『真説・智謀の一族真田三代』『敗者から見た関ヶ原』『守りの名将・上杉景勝の戦歴』（洋泉社新書y）、『別冊宝島 織田信長・野望編』（共著・宝島社）などがある。

真田信繁～「日本一《ひのもといち》の兵《つわもの》」幸村の意地と叛骨～

2009年11月25日 第1刷発行
著　者　三池 純正
発行者　宮下 玄覇
発行所　株式会社宮帯出版社
〒602-8488
京都市上京区真倉町739-1
電 話（075）441-7747㈹
http://www.miyaobi.com
振替口座 00960-7-279886
印刷所　シナノ書籍印刷株式会社
定価はカバーに表示してあります。
落丁・乱丁本はお取替えいたします。

 ISBN978-4-86366-058-7 C3021